CW00662468

colección
grandes
biografías

LA PEQUEÑA CRÓNICA DE ANA MAGDALENA BACH

LA PEQUEÑA CRÓNICA DE ANA MAGDALENA BACH

TRADUCCIÓN DE
CARLOS GUERENDIAIN

EDITORIAL JUVENTUD, S. A.
PROVENZA, 101 - BARCELONA

Título original: DIE KLEINE CHRONIK DER
ANNA MAGDALENA BACH

Séptima edición, 1993
Traducción de Carlos Guerendiain
Depósito Legal: B. 3.252-1993
ISBN 84-261-2020-2
Núm. de edición de E. J.: 8.793
Impreso en España - Printed in Spain
INDUGRAF, S. C. C. L. Badajoz, 145 - 08018 Barcelona

A TODOS AQUELLOS QUE AMAN
A JUAN SEBASTIÁN BACH

NO podemos dar a la publicidad la siguiente PEQUEÑA CRÓNICA DE ANA MAGDALENA BACH *sin escribir unas palabras de introducción que la acompañen en su camino.*

Todo el mundo conoce, la anécdota de San Agustín, la contestación que le dio el niño que pretendía meter el mar en una concha. Una sensación de desaliento parecida se apoderó de nosotros cuando empezamos a leer las siguientes páginas. Pero a medida que íbamos profundizando en la crónica, nos asombrábamos cada vez más de que la escritora hubiera conseguido en tan pocos capítulos expresar todo el contenido de un tema tan grandioso. El libro no está redactado solamente para conocedores de la música, por más que ninguno de los miembros de ese noble gremio encontraría en él la menor imprecisión en asuntos puramente musicales, ni nada inexacto en la parte biográfica y psicológica; porque la escritora se propuso dar a la juventud deseosa de aprender una imagen exacta de la vida y la obra del artista único. Este libro suministra datos precisos a la inmensa muchedumbre que ama a Bach y su música, es decir, la Música, y que sin cesar se preguntaba cómo era humanamente ese hombre que creó cosas tan extraordinarias. A esos que buscan con celo lo humano tras la personalidad artística, se les aparecerá en estas páginas la grandeza del hombre con la misma proximidad y buena fe con que se presentaba ante Ana Magdalena y ante los ojos del alma de la autora de este libro.

Conoceremos al Bach hombre en su vida diaria, el tipo clásico del artista como elemento productor, en el que se reúnen fuerzas materiales y espirituales en la misma cantidad armónica, para completarse y salir a la superficie armónicamente, en forma tal que en su destino y su obra no queda espacio para la duda humana.

Por encima de esto, la obra es una especie de monografía definitiva de la digna compañera del genio. Vemos cómo es y cómo tiene que ser la mujer que pueda servir de compañera a un artista creador.

Y al final, nos parecerá que la autora ha conseguido recoger el mar en una concha, porque esta concha, al ser de amor puro, era también infinita.

De cómo el maestro de capilla Juan Sebastián Bach emergió, como San Jorge, de los sonidos del órgano, y la solitaria oyente huyó, estremecida, de la iglesia; y de cómo la joven Magdalena llegó a ser la esposa del prodigioso músico y le comprendió del todo porque le amaba.

HOY ha venido hasta mi soledad una visita que me ha alegrado el corazón. Gaspar Burgholt, el discípulo favorito, que también se ha hecho ya viejo, de mi querido Sebastián, había hecho indagaciones para dar con mi paradero, y ha venido a visitarme. Realmente, ha tenido que buscar bastante para encontrar a la anciana señora de Bach en su abandono y pobreza; porque, ¡ay!, ¡qué pronto se han olvidado los días felices de los Bach! El anciano y yo teníamos muchas cosas de que poder conversar. Me ha hablado de sus modestos éxitos artísticos, de su mujer y de sus jóvenes hijos, pero de lo que más hemos hablado ha sido del que ya se fue, de su maestro, de mi esposo. Después de recordar muchas cosas deliciosas de aquellos años maravillosos, Gaspar ha pronunciado unas palabras que podrán dar, de pronto, un alto sentido a mi humilde destino de hoy.

—¡Escriba usted —me ha dicho— una crónica sobre el gran hombre! ¡Usted le conoció como nadie; escriba todo lo que recuerde de él! ¡Estoy seguro de que su fiel corazón no habrá olvidado mucho; escriba usted sobre sus palabras, sus miradas, su vida y su música! ¡Los hombres desatienden hoy su recuerdo, pero no lo olvirán para siempre! La humanidad no podrá guardar silencio sobre él durante mucho tiempo, y le quedará agradecida por lo que haya escrito.

Ésas han sido las palabras de Gaspar; y, en cuanto se ha marchado, he corrido a escribirlas, porque, se realice o no lo que ha dicho respecto a la posteridad, será para mí un dulce consuelo, en mi soledad, el obedecer a sus palabras. Conocía muy bien a Sebastián y lo respetaba, como todos sus alumnos con edad suficiente para comprender su grandeza..., pues, para Sebastián, sólo eran una plaga los chicos desaplicados de la escuela de Santo Tomás.

De todo lo que Sebastián poseyó no me ha quedado casi nada. Todas las cosas de valor tuvieron que ser vendidas para repartir su importe entre los muchos que quedamos. ¡Qué amargura sentí al no poder conservar su tabaquera de oro y plata, que tanto le gustaba, que tantas veces vi en sus manos y que tantas veces llené de rapé! Pero la consideraron de excesivo valor para dejársela a la viuda, y la vendieron para repartir su importe entre nosotros. Mas, aunque no tengo ningún objeto que me lo pueda recordar, bien sabe el cielo que no es necesario, pues me basta con el inestimable tesoro de recuerdos que descansa en mi corazón. Pobre como soy, y olvidada, y viviendo de las limosnas de la ciudad de Leipzig, y vieja —ayer cumplí los cincuenta y siete años, y sólo soy siete más joven de lo que era él cuando se marchó de entre nosotros—, no quisiera dejar de ser lo que soy ahora, si hubiese de comprar la más hermosa y honorable vejez al precio de no haber sido su compañera. No considero completamente felices más que a dos mujeres en toda Turingia: su prima María Bárbara Bach, que fue su primera esposa, y yo misma, su segunda mujer. Nos quiso a las dos, pero a veces pienso, con una sonrisa, que a mí me quiso más; al menos es seguro que, por la bondad de la Providencia, me quiso durante más tiempo.

No estuvo casado con María Bárbara más que trece años, y la pobre murió mientras él estaba de viaje con el príncipe Leopoldo de Anhalt-Cöthen. Su hijo segundo, Manuel, a pesar de lo joven que era en aquella ocasión, no ha podido olvidar nunca el dolor de su padre cuando, a su regreso, encontró a sus hijitos huérfanos y a su mujer, a la que había dejado feliz y sana, bajo tierra. ¡Pobre Bárbara Bach, que tuvo que morir sin la despedida y la última mirada de Juan Sebastián!

¡La primera mirada que yo le dirigí! ¡Cómo desaparecen los años ante mis ojos, al pensar en ello, y con qué claridad se me presenta todo! Mi padre, que, en su bondad, me llevaba con frecuencia en sus viajes (sobre todo cuando se trataba de cosas de música, porque conocía mi amor por ese arte celestial), quiso que le acompañase en su viaje a Hamburgo, en el invierno de 1720, para visitar a mis tíos abuelos. En la iglesia de Santa Catalina, de Hamburgo, había un órgano muy hermoso, con cuatro teclados y un pedal, y del que había oído hablar mucho a los amigos de mi padre aficionados a la música. El segundo día de mi estancia en Hamburgo salí con objeto de hacer compras para mi tía abuela y, al regresar a casa, al pasar por la iglesia de Santa Catalina, entré un momento para contemplar el órgano. Cuando abrí la puerta, oí que alguien tocaba y, de pronto, desde la oscuridad, llegó hasta mí una música tan maravillosa que pensé estaría sentado un arcángel al teclado. Me deslicé silenciosamente hacia el interior y me quedé escuchando, de pie. Levanté la vista hacia el órgano, en la galería occidental; los grandes tubos se lanzaban, formando torres, hacia la bóveda, y, más abajo, las hermosas tallas del órgano brillaban en color castaño y oro; pero el organista quedaba invisible a mis ojos. No sé cuánto tiempo permanecí escuchando en la iglesia, pues no era más que oídos y parecía haber echado raíces en las losas, perdida completamente la noción del tiempo.

Estaba tan ensimismada con el encanto de aquella música, que, cuando terminó con una serie de acordes que atronaron el espacio, seguí inmóvil mirando hacia arriba, esperando que, de los tubos, ascendiese otra armonía celestial. Pero, en lugar de eso, apareció en la tribuna el organista mismo y se acercó a la escalera que bajaba del órgano. Su atención se fijó en mí, que seguía mirando hacia arriba. Le contemplé durante un momento, tan asustada de su repentina aparición, que no podía ni moverme. Sin duda, después de escuchar una música tan divina, esperaba ver bajar del órgano a San Jorge y no a un hombre. Pero inmediatamente me eché a temblar; cogí el manto, que se me había caído al suelo, y, con un estremecimiento inconcebible de horror, salí corriendo de la iglesia. Cuando, una vez fuera, me sentí segura, yo misma me asombré de mi conducta tan tonta, pues ni siquiera mi tía abuela, tan severa, hubiera encontrado nada deshonroso en que una muchacha entrase en una iglesia y escuchara la música del órgano.

No sospechaba quién pudiera ser el organista; pero cuando, durante la cena, conté a mi padre aquella aventura —al referírsela me callé la mirada, el temblor y la fuga—, exclamó:

—No puede haber sido más que el director de orquesta del duque de Cöthen, Juan Sebastián Bach.

Tiene que tocar mañana el órgano de Santa Catalina ante el señor Reinken, y yo, con otros señores, estoy invitado a oírle. Ya le diré cómo le gusta su música a mi hijita. Si alguna vez te oye cantar, mi pequeño ruiseñor, tal vez componga alguna cancioncita para ti.

Rogué a mi padre, con un rubor que hacía aumentar mi turbación, que no le dijese nada al maestro de capilla; pero cuanto más enrojecía, más alegre se ponía mi padre, y acabó por decirme que debía de haber perdido mi corazón entre los faldones de la casaca del organista, pues no era concebible que, mientras tocaba, hubiera podido verle la cara, y añadió que el señor Bach no tenía fama de dedicar miradas amables a las chicas.

Al día siguiente fue mi padre al concierto de la iglesia de Santa Catalina y, a su regreso, lo abrumé a preguntas.

Venía lleno de admiración; nunca en su vida había oído tocar el órgano de aquella manera, y decía que tampoco lo volvería a oír como no lo tocasen las mismas manos. Le escuchábamos formando círculo alrededor de él. Nos siguió contando que el maestro de capilla había tocado dos horas seguidas y que, durante un rato, había improvisado sobre motivos del coral *La orilla de las aguas de Babilonia* (1), haciendo un maravilloso juego de pedal. Mi padre decía, lleno de admiración, que gobernaba el doble pedal con la misma facilidad que ejecutaba una escala con la mano. Después les había hecho escuchar una fantasía y fuga en *sol* menor, que había compuesto poco antes. Era una pieza extraordinariamente bella y brillante. Yo misma se la oí tocar con frecuencia, en tiempos pretéritos, y tuve por ella una predilección especial. Sobre todo, el

(1) *An den Wassern Babylons.*

principio de la fuga me gustaba cada vez más. ¡Qué alegría, qué júbilo! Cuando Sebastián terminó su concierto, se le acercó el señor Reinken, que había sido hasta entonces organista de Santa Catalina. Tenía noventa y siete años y gozaba fama de ser muy celoso y de estar engreído de su capacidad. No obstante, con asombro de todos los presentes, cogió la mano de Bach, se la besó y le dijo:

—Creí que este arte moría conmigo, pero veo que todavía vive en usted.

Lo que más había impresionado a mi padre de la manera de Bach de tocar el órgano era su calma y su facilidad. A pesar de que sus pies volaban sobre los pedales como si tuviesen alas, su cuerpo parecía no moverse lo más mínimo, ni se balanceaba como hacen otros organistas. Su música era la perfección, que parece fácil y no descubre ningún esfuerzo.

Lo que sucedió después se lo oímos contar a mi tío abuelo, que también era músico y sentía gran inclinación por Sebastián. Acababa de fallecer el organista de la iglesia de San Jacobo, de Hamburgo, y Sebastián, al que seducía la idea de poder disponer de un instrumento tan magnífico para componer música sagrada (en la corte del duque de Cöthen tenía que componer, principalmente, música de cámara), solicitó esa plaza. Pero, en lugar de alegrarse de la inmensa felicidad que suponía el tener el mejor organista de la nación, los respetables consejeros municipales votaron a un tal Joaquín Heitmann, músico muy vulgar, porque aportó un regalo de cuatro mil marcos.

—Preludia mejor con los táleros que con los dedos —exclamó, indignado, mi tío en aquella ocasión.

También el pastor Neumeister, que pertenecía al Consejo Municipal, se indignó tanto por ese negocio, que presentó la dimisión de consejero y, en uno de sus próximos sermones, pronunció las siguientes palabras amargas:

—Estoy convencido de que si uno de los ángeles que en Belén tocó música celestial al niño Jesús pretendiese ser organista de San Jacobo, dejarían que se volviese a alejar volando si no traía dinero.

Ésa fue la causa de que el maestro de capilla Bach no se instalase en Hamburgo.

Y ahora llego a mi primer encuentro con él, que sucedió al año de haberle visto por vez primera. Mi padre era trompetero de la corte en Weissenfels, y en nuestra casa entraban y salían los músicos constantemente. Él mismo iba también con frecuencia a la corte de Cöthen, en la que Sebastián era director de orquesta. También yo había cantado algunas veces en los conciertos de aquella corte; pero en todos ellos estuvo ausente Sebastián, unas veces por enfermedad y otras por encontrarse de viaje. Su ausencia era para mí, cada vez, una amarga desilusión, pues experimentaba grandes deseos de volverle a ver y de cruzar con él algunas palabras.

Pero cierta mañana —era un hermoso día de primavera, lo recuerdo perfectamente— salí de casa y, a mi regreso, iba a entrar en la sala para poner unas ramitas verdes y frescas en un jarrón, cuando mi madre apoyó la mano en mi brazo.

—Espera un momentito, Magdalena —me dijo—; tu padre tiene una entrevista con el maestro de capilla Bach y creo que les estorbarías.

Mi pobre corazón se puso a latir con violencia. No le había visto más que una sola vez, pero había oído hablar mucho de él y sentía un deseo ardiente e inexplicable de volverle a ver. Me quedé en el pasillo, con el temor de que mi padre me llamase, pero temiendo, al mismo tiempo, que no lo hiciese. Iba a dirigirme corriendo a mi cuarto para ponerme un lazo nuevo en los cabellos, que creía que me sentaría mejor que el que llevaba puesto, cuando mi padre asomó la cabeza por la puerta y preguntó:

—Ana, ¿ha vuelto Magdalena?

Entonces me vio y exclamó:

—Ven, hija mía; el señor Bach es muy amable y quiere oír tu voz.

Entonces entré y me encontré frente a él. Estaba tan turbada, que casi no me atrevía a levantar la vista, y tenía la esperanza de que no me reconociese, ya que la iglesia de Santa Catalina era bastante sombría. Pero, más tarde, me contó que había reconocido al momento a su tímida oyente. Me pareció alto en exceso, y, sin embargo, no era de estatura extraordinaria, sólo un poco más alto que mi padre. Pero, por una causa inexplicable, daba la impresión de ser alto, ancho y fuerte; de él se desprendía algo roqueño, y siempre que se encontraba rodeado de otros hombres parecía ser más considerable que ellos corporalmente, cuando, en realidad, sólo su corazón y su genio eran superiores a los de los demás. Gaspar me contaba ayer que también él había experimentado siempre la sensación de que Sebastián superaba corporal y espiritualmente a los otros hombres. Imponía por su sencilla presencia y no por lo que decía, pues era muy serio y tranquilo y hablaba muy poco y solamente con quien tenía confianza.

En aquel momento, yo sentía una timidez tremenda. Le hice una reverencia y no abrí la boca hasta que cogió un cuaderno de notas, lo puso en el atril del piano, se sentó y me invitó a cantar. Afortunadamente, mi turbación desapareció en cuanto empecé a cantar, y, cuando terminé, mi padre exclamó, con cara satisfecha:

—¡Bien, hija mía!

El señor Bach me miró unos momentos inmóvil y luego dijo:

—Sabes cantar y tu voz es pura.

Yo hubiese deseado contestarle: «¡Y tú sabes tocar!», pero no me atreví. Es indescriptible lo que había hecho del sencillo acompañamiento que yo había tocado tantas veces. ¡La colocación de las manos, el modo de emplear el pulgar, la posición de los dedos, todo era distinto de como lo hacían los demás! Pero no pude decir nada de eso, pues al concluir de cantar me encontraba en un estado de excitación inexpresable. Hubiera deseado huir, como la otra vez en la iglesia, pero permanecí junto al clave muda y turbada como una niña. Sí, me sentía sumamente infantil ante aquel hombre y, sin embargo, en ese corto espacio me estaba sucediendo algo que no les sucede a los niños. Hacía ya tiempo que Dios había abierto mi alma a la música, y entonces, después de haber oído tocar a Sebastián Bach, me parecía imposible que ningún otro hombre de este mundo pudiera llegar a impresionarme. También él se dijo en aquel instante (¡si yo lo hubiese sabido!): «Me quiero casar con esta muchacha.» Estaba seguro de que yo daría mi consentimiento, pues sabía que todo cuanto él quería de verdad en este mundo, lo conseguía. En algunas ocasiones, años después, su constancia y su firmeza llegaron a parecerme obstinación.

La descripción que acabo de hacer de la primera vez que lo vi y le hablé es exacta en conjunto y en detalle; la impresión que experimenté en aquella ocasión vive en mí con la misma claridad, sin que la hayan borrado los largos años de intimidad ni la haya turbado el recuerdo de la última mirada que dirigí a su adorado rostro cuando estaba ante mí con los ojos ya cerrados para siempre.

Sería necio decir que fue hermoso. Pocos de los

Bach fueron hombres bellos y, sin embargo, la fuerza de su espíritu se expresaba en sus facciones. Verdaderamente notables eran su poderosa frente y sus ojos, con sus cejas extraordinarias, siempre fruncidas, como si estuviese sumido en profunda meditación. Cuando yo lo conocí tenía él los ojos muy grandes; pero, con los años, se fueron encogiendo y enturbiando por el sufrimiento y el trabajo excesivo, y los párpados le fueron descendiendo. Su intensa mirada parecía dirigida hacia el interior, lo cual impresionaba mucho. Eran, si me puedo expresar así, unos ojos oyentes, que tenían a veces un resplandor místico.

Su boca era ancha y móvil, tenía una expresión de generosidad y en las comisuras de los labios se escondía una sonrisa. El mentón era ancho y cuadrado, como convenía para guardar la debida proporción con la frente. Nadie podía verle una vez sin volver a mirarle, pues sobre él flotaba algo extraordinario que se comunicaba inmediatamente a cualquiera que se le acercase, fuese quien fuese. Una mezcla maravillosa de grandeza y humildad irradiaba de él... Estaba convencido de su fuerza, pero el que él fuese el portador de esa fuerza le dejaba completamente indiferente y ni siquiera pensaba en ello; lo único que le conmovía era la música, y algunas veces aparentaba creer que con aplicación, estudio constante y fervor, cualquier hombre hubiera podido elevarse hasta el lugar que él ocupaba. ¡Cuántas veces le oí decir, al entrar casualmente en su cuarto y encontrarle con un alumno, junto al clavicordio: «Si eres tan aplicado como yo he sido, pronto sabrás tocar como yo.» Uno de sus discípulos de órgano, que le quería mucho y sabía cuánto me gustaba oír las frases del maestro, vino a verme un día y me contó que Sebastián, después de darle la lección, había tocado el órgano maravillosamente. El alumno no pudo contener una

Hans Bach, hijo de Vito, el molinero-panadero de Wechmar que tocaba la guitarra mientras se molía el trigo. De los treinta y tres miembros que se sucedieron entre Vito y Juan Sebastián, veintisiete fueron cantores, organistas o músicos de villa o corte.

Eisenach en el siglo XVIII.

explosión de entusiasmo y admiración, y Sebastián le miró contrariado y le dijo, muy serio: «¡No hay nada que admirar; todo consiste en poner el dedo conveniente en la nota apropiada y en el momento preciso; lo demás lo hace el órgano!» Los dos nos reímos mucho de aquella salida, porque entonces ya sabía yo lo suficiente del arte de tocar el órgano para no creer que bastase con apoyar el dedo en la tecla precisa y en el momento debido, pues, poco después de nuestra boda, supliqué a Sebastián que me diese lecciones de órgano, a lo que accedió con gusto, a pesar de opinar que el órgano no era un instrumento propio para mujeres. Pero lo que yo quería era saber tocar lo suficiente para comprender mejor su música escrita para órgano y poder apreciar su interpretación.

A fines del verano de 1727, aproximadamente un año después de la muerte de su primera mujer, Sebastián pidió mi mano a mi padre. Yo no le había visto con mucha frecuencia; pero, no obstante, había pensado en él mucho más de lo que mi madre hubiera deseado. Llegué a ver con claridad, mucho antes de atreverme a esperar que quisiera hacerme su esposa, que no podría ser de ningún otro hombre. Mis padres comprendieron el honor que representaba su petición, pero creyéronse en el deber de recordarme que Sebastián me llevaba quince años y tenía cuatro hijos. Otros tres se le habían muerto, y si me decidía a casarme con Sebastián, había de ser una verdadera madre para los cuatro que quedaban. Cuando, por mis balbuceos, mi rubor y mis lágrimas —no podía expresarse de otra manera mi felicidad—, comprendieron que aceptaba la petición de Sebastián, dijéronme que fuera a otro cuarto donde él esperaba mi contestación. Me parece que estaba seguro de mi respuesta, pues sus penetrantes ojos habían leído en mi corazón, a pesar de que habíamos cruzado muy pocas palabras y de que, en su presencia, siempre estuve sumamente reservada y silenciosa. Cada vez que le veía, mi corazón empezaba a latir con tal fuerza, que me impedía hablar. Estaba de pie junto a la ventana. Cuando entré se volvió, dio dos pasos hacia mí y me dijo: «Querida Magdalena, ya sabes mis deseos. Tus padres están conformes. ¿Quieres ser mi mujer?» Yo le respondí: «¡Oh, sí, gracias!», y rompí en lágrimas, lo que realmente no estaba muy indicado; pero eran lágrimas de felicidad pura, lágrimas de agradecimiento a Dios y a Sebastián. Cuando apoyó su brazo en mis hombros saliéronme del corazón estas palabras: «Una sólida fortaleza» («*Ein'feste Burg*»), y canté con la imaginación la gran melodía de aquel coral que tantas veces habíamos cantado junto a la chimenea, en las noches invernales. Sí, una sólida fortaleza era mi Sebastián, y siguió siéndolo para mí toda su vida. Nuestros esponsales fueron una fiesta extraordinariamente alegre. Observaba con alegría lo orgullosos que estaban mis padres de que su hija se casase con un músico tan distinguido y, además, tan apreciado por el príncipe. El duque Leopoldo me habló con mucha amabilidad y me dijo que, al casarme con su maestro de capilla, me casaba con un hombre cuyo nombre sería honrado y admirado mientras se oyese música en el mundo. Después me hizo un cumplido sobre la feliz casualidad de que yo estuviese en condiciones de cantar la música de mi marido. Mantenía con Sebastián relaciones afables y hasta amistosas, y de ello dio buena prueba aceptando sacar de pila al último hijo del primer matrimonio del músico. Sebastián tenía que acompañarle en todos sus viajes, y al regresar de uno de éstos, como ya he referido, fue cuando se encontró con que la pobre María Bárbara estaba ya enterrada.

A Sebastián le gustaba la vida tranquila de Cöthen, y en aquella época tenía el propósito de que pasáramos allí toda nuestra vida al servicio del buen duque, tan amante de la música.

Antes de celebrarse nuestra boda, Sebastián y yo fuimos padrinos del hijo del secretario del duque, Cristián Halen. Ese día lo recordaré eternamente, pues fue la primera vez que me presenté en público con mi novio. Mi traje azul, con muchos galones, me sentaba muy bien; presentí, con íntimo encanto, que le gustaba, y, desde entonces hasta el día de su muerte, una palabra de aprobación suya valía para mí más que todos los discursos de este mundo. Sus hijos pequeños nos rodeaban, y entonces sentí, por primera vez, que formábamos una familia. «La familia» eso era, para él, el concepto de la vida; su mujer, sus hijos, su casa, ése era su mundo. Aparte los viajes que hizo a pie en su juventud, para oír a organistas célebres y tocar en diversos órganos, y de sus viajes de servicio con el duque, durante los cuales compuso los pequeños preludios y fugas reunidos luego bajo el título *El clave bien temperado*, que a mí me han parecido la más deliciosa de las músicas, a pesar de que no los había compuesto más que para que sirviesen de ejercicio a sus discípulos; aparte esos viajes, repito, vivió tranquilo en su casa. Durante los años que vivimos en Leipzig, casi no salió. Su trabajo, día por día, en la iglesia y en la escuela de Santo Tomás; los conciertos que tenía que dirigir, sus composiciones y su hogar llenaban por completo su vida. Nunca viajó por dejarse admirar y obtener éxitos, como hacían muchos músicos que no le llegaban ni al tobillo, pues si Dios concedió genialidad a algún hombre, fue a Juan Sebastián Bach, a pesar de que, con excepción de algunos de sus viejos discípulos, son pocas las personas que todavía se acuerdan de su música. Pero dejemos esto, que me aparta de mi narración.

Nos prometimos en septiembre de 1721, y en diciembre se celebró nuestra boda en casa de Sebastián; de modo que me casé en la casa que había de ser mi hogar.

El amable príncipe Leopoldo me regaló la corona de novia y tomó parte en la fiesta de nuestra boda con gran placer, ya que ocho días después había de conducir al altar a la encantadora princesa de Anhalt-Bernburg.

Cómo me demostró Sebastián su amor aquel día, cómo lo transformó en un sueño delicioso, sólo podría comprenderlo quien haya amado como yo.

Se dice que el día de la boda es el más feliz en la vida de una mujer. Lo seguro es que nunca hubo una joven tan feliz en ese día como yo, porque, ¿quién iba a encontrar un marido como mi Juan Sebastián Bach? A partir del día de la boda, ya no tuve más vida que la suya. Era como una pequeña corriente de agua que se la hubiese tragado el océano. Me había fundido y mezclado en una vida más amplia y profunda de lo que la mía hubiera podido ser jamás. Y conforme iba viviendo, año tras año, en su intimidad, comprendía cada vez mejor su grandeza. Con frecuencia le veía junto a mí tan poderoso, que me quedaba casi aterrada; sin embargo, le comprendía porque le amaba. «El amor es el cumplimiento de la ley.» Esta sentencia la repetía con frecuencia, sacándola de su gran Biblia luterana, que leía sentado en su sillón de cuero, en verano, junto a la ventana, y en invierno al amor de la lumbre. Él podía realmente decir, con Lutero: «Pocos son los árboles de aquel jardín de los que yo no haya hecho caer los frutos.» ¡Ah, cuando pienso en ello, qué recuerdos asaltan mi corazón!

El día de la boda compuso para mí una canción que luego escribió, con otras, en mi cuadernito de música:

A vuestro servidor le trae
inmensa felicidad
veros hoy tan jubilosa,
mi bella y joven esposa.
A quien os contemple ornada
de vuestro traje de boda
y de lirios coronada,
el corazón sonreirá
por vuestro feliz aspecto.
¿Por qué, pues, ha de extrañar
que mis labios y mi pecho
dejen su gozo exhalar?

Ése fue mi regalo de boda, presagio de mi felicidad.

De la juventud de Sebastián en Eisenach, Luneburgo y Arnstadt; de su primer matrimonio en Mulhausen y de su vida en Weimar y en Cöthen.

Así empezó mi vida. Todo lo que me había sucedido antes me pareció no haber sido más que preparación y espera para esta vida. Pero, antes de describir los años maravillosos y felices que me regaló el cielo al hacerme esposa de Sebastián, desearía hablar lo mejor que pueda de lo que le sucedió en su juventud y durante los años vividos sin mí, cosas que le oí contar a él y a otros, pues si esta crónica ha de tener algún valor para la posteridad, he de contar todo lo que sé de su vida, desde el nacimiento hasta la muerte.

Nació en Eisenach. Siempre me pareció significativo que viese la luz en el mes de marzo, es decir, durante la Cuaresma, pues para Cuaresma y Semana Santa escribió sus mejores obras: La *Pasión según San Mateo* y la *Pasión según San Juan,* las obras que más profundamente conmovieron su alma. Una vez entré inesperadamente en su cuarto cuando estaba componiendo el solo de contralto «¡Oh Gólgota!», de la *Pasión según San Mateo.* ¡Cómo me conmoví al ver su rostro, en general tranquilo, fresco y colorado, de una palidez cenicienta y cubierto de lágrimas! No me vio; volví a salir silenciosamente, me senté en la escalera, ante la puerta de su cuarto, y lloré también. Los que oyen esa música, qué poco saben lo que costó! Sentía deseos de entrar y echarle los brazos al cuello, pero no me atreví. Había visto algo en su mirada que me produjo un sentimiento de veneración. Nunca llegó a enterarse de que yo le había visto en el dolor de la creación, de lo que me alegro hoy todavía, pues eran momentos en los que sólo debía verle Dios.

En esa música sagrada que compuso para las palabras del Evangelio expresa los sentimientos de toda la cristiandad cuando mira hacia la cruz; y Sebastián, al sentarse a escribirla, sentía toda la angustia de la criatura humana deseosa de redención y toda la sublimidad del misterio humano.

Yo oí por primera vez la *Pasión según San Mateo* completa un día de Viernes Santo, ocho años después de nuestra boda, en la iglesia de Santo Tomás, y casi no pude soportar la emoción que me produjo esa obra tan gloriosa y conmovedora. Sin embargo, fueron pocas las personas que se fijaron en ella, y, como era difícil y no se podía cantar sin haberla ensayado muchas veces, transcurrieron once años hasta que la volví a oír. Y ahora, esa música grandiosa y conmovedora duerme en el silencio... ¡Tal vez la vuelva a oír en el cielo!

Nadie hubiera podido prever que el niño Juan Sebastián, que, en el año 1685, nació en la espaciosa casa blanca de Eisenach, en el Frauenplan, llegaría a componer una música como la de la *Pasión según San Mateo,* pues música así no había existido en el mundo hasta que él la compuso. Cierto es que todos los Bach, desde que la memoria humana podía recordar, habían sido músicos. Sebastián contaba que el primer músico de la familia del que se tenían datos precisos era su tatarabuelo, Vito Bach, un molinero y panadero cuyo mayor placer consistía en llevar al molino una guitarra y tocar en ella mientras se molía el trigo. «Estoy seguro de que resultaría un buen conjunto —dijo Sebastián una vez, sonriéndose— y de que eso le ayudaría a llevar muy bien el compás. El bueno de mi tatarabuelo representa, por decirlo así, la época infantil de la música en la familia Bach.» La idea del viejo molinero que hacía su harina con música divirtió a Sebastián toda la vida.

En nuestra época, todos los miembros de la familia Bach eran músicos. Vivían de organistas, esparcidos por toda la Turingia. El tío de Sebastián, cuya hija mayor había sido su primera mujer, era organista en Gehren. Componía música y construía clavicordios y violines. Yo creo que también a Sebastián le hubiera gustado construirse sus instrumentos musicales, si hubiera tenido tiempo. Se interesaba extraordinariamente por los progresos del arte de la construcción de instrumentos musicales y tenía gran habilidad manual. Siempre que había de cambiar las cuerdas de su clave lo hacía él mismo y no necesitaba más que un cuarto de hora para afinarlo.

Sebastián me contó con frecuencia que, desde que memoria humana podía recordarlo, todos los Bach se reunían, por lo menos una vez al año, para hacer música juntos. Generalmente, empezaban por ejecutar un coral, y después se divertían improvisando chanzonetas a base de armonizar varias melodías conocidas, cantándolas después a varias voces. No era más que una broma musical; pero ninguno de los Bach se habría marchado satisfecho de aquellas reuniones familiares si no hubieran improvisado alguna de esas *quodlibet.* Cuando Sebastián estaba de buen humor, por las noches, alrededor del hogar, cantaba una con sus hijos. Si yo a veces no cantaba, probablemente por estar atenta al planchado de los complicados pliegues de una camisa de Sebastián, de Friedemann o de Manuel, no dejaban de decirme: «¡Madre, haznos escuchar tu dulce voz!», insistiendo hasta que yo acababa por cantar con ellos. No querían dejar de oír mi voz. Esa inclinación de la familia hacia las *quodlibet* la conservó Sebastián toda su vida, como se desprende del *Aria con treinta variaciones,* que, en sus últimos años, compuso para el conde de Kayserling: la última variación es una *quodlibet* que procede de la combinación de dos canciones populares conocidísimas. Una de las canciones habla de muchachas, y la otra, de coles y zanahorias, y su imitación la reproduce el bajo. Sebastián era capaz de componer música con cualquier tema.

Al morir sus padres, fue a vivir con su hermano mayor, que era organista en Ohrdruf. De modo que salió en su primera juventud de la hermosa y verdeante ciudad de Eisenach, con sus innumerables riachuelos.

Pero dos habitantes de Eisenach habían producido en él una impresión profunda: Santa Isabel de Hungría y Martín Lutero (de los que era casi contemporáneo), pues, de niño, pensando en aquel gran hombre, alzó muchas veces la vista hacia el Wartburg, y los emocionantes corales de Lutero le produjeron, en años posteriores, la inspiración para magníficos preludios de órgano. Entre las singularidades que fui descubriendo me sorprendió que él, que era un manantial inagotable de música, necesitaba con frecuencia la música de otra persona para que se iniciase la corriente de su inspiración. Cuando se sentaba al órgano o al clavicordio y quería improvisar, tocaba primero alguna pequeña composición de Buxterhude, o de Pachelbel, o de su tío Cristóbal Bach, por cuya música sentía gran admiración, y solamente después desplegaba su genio las poderosas alas. Entonces, en mi imaginación, recordaba yo que bastaba dar unos golpes a la bomba de nuestro patio para que siguiese saliendo de las profundidades de la tierra la generosa corriente de agua.

Otro de los lazos que le unían a Lutero consistía en que también Sebastián, siendo niño, había cantado por las calles de Eisenach en coro como el gran reformador, pues fue alumno del coro, fundado cien años antes, de que tanto presumían los vecinos de Eisenach. «Nuestra ciudad fue siempre célebre por su música», solía decir Sebastián, y me seguía contando que el nombre latino de Eisenach era *Isenacum,* que es, a su vez, un anagrama de «en música» o de «cantamos». Todavía me parece estar viéndole con su alegre sonrisa, cuando me contaba esas cosas bromeando. Espero haber reproducido correctamente sus palabras, pues yo no sé nada de latín y Sebastián detestaba, sobre todo, la inexactitud. Él fue un gran latinista y, cuando lo nombraron maestro cantor en la iglesia de Santo Tomás, tuvo que enseñar a los alumnos no solamente música, sino también latín. Quiso enseñarme a mí esa lengua, aunque sólo fuera, como él decía, para tener en mí un contraste con los distraídos alumnos de la escuela de Santo Tomás, pero no tuvo tiempo de darme las lecciones y, por otra parte, yo estaba también demasiado ocupada con los niños y la casa. El latín que aprendí se redujo al *Gloria in excelsis* y al *Credo in unum Deum,* y lo aprendí cuando compuso su misa en *si* menor, su tonalidad favorita.

De chico, Sebastián tuvo una magnífica voz de soprano. He hablado con amigos que le oyeron cantar, y todos ellos conservaban el recuerdo del sonido extraordinariamente hermoso de su voz. En la iglesia de Ohrdruf cantaba todos los domingos y días festivos. En las bodas y entierros, con los otros chicos del coro, cantaba motetes en las casas y en la iglesia, y algunas veces en la calle, recordando la costumbre de Eisenach. En la época del cambio de voz, que sucedió, desgraciadamente, al poco tiempo de haberse trasladado de Ohrdruf a Luneburgo, le ocurrió algo verdaderamente extraordinario. Un día, en el coro, se oyó a sí mismo cantar de pronto en octavas, es decir, como con doble voz. No podía remediarlo, pues ese hecho tan extraño era completamente ajeno a su voluntad. Y durante toda una semana no solamente cantó, sino que también habló a dos voces. No he oído nunca que a nadie le haya sucedido algo parecido.

Al hermano mayor de los Bach, que fue el que educó a mi Sebastián, no lo vi nunca; pero mi marido hablaba siempre de él con gran respeto y agradecimiento, y años después devolvió al hijo de ese hermano gran parte de las bondades que debía a su padre. Había varias cosas en las que no era bueno contrariar a Sebastián, y lo que menos podía soportar era la falta de respeto a cualquier miembro de su familia, por lejano que fuera el parentesco. Por eso yo no podía expresar cierto rencor que me inspiraba su hermano, pues creía que tenía la culpa de cierta debilidad de la vista que padeció Sebastián toda su vida y la atribuía a sus celos o a su falta de generosidad. Ese hermano tenía una colección de piezas musicales célebres, de autores famosos, y no se las dejaba ver al chiquillo sediento de música, que hubiera deseado estudiar toda la que cayese en sus manos. Esas composiciones estaban encerradas en una caja de documentos que tenía una reja, y durante varios meses el pobre Sebastián se dedicó a copiar aquellas composiciones, de noche, a través de la reja y a la luz de la luna, pues no podía disponer ni de una vela. No es de extrañar que su vista se resintiese de tan extraordinario esfuerzo. Cuando hubo terminado esa obra ingente y empezó a tocar la música que había conquistado con tanto trabajo, su hermano descubrió el «crimen» y le quitó el original. No volvió a verlo hasta la muerte de su hermano, un año después de nuestra boda. Entonces fue cuando me refirió aquel suceso de su juventud, y me lo contó sin manifestar el menor resentimiento contra la dureza de su hermano. Pero en ese hecho se ve lo pronto que se manifestaron su grandeza de carácter y su fuerza de voluntad.

También el sentimiento de la responsabilidad se desarrolló en él muy pronto. A los quince años ya se ganaba la vida. Se fue a Luneburgo y entró en el coro de San Miguel, donde, gracias a su hermosa voz de tiple, le dieron una plaza de interno y un pequeño sueldo. Una vez que estuve en Luneburgo, visité yo también la iglesia de San Miguel. Por fuera tiene un aspecto muy alegre, con su torre de ladrillos, su cúpula de cobre y su gran farola; pero a mí me emocionó más lo interior, donde había resonado la voz seráfica de Sebastián cuando era niño, aquella voz que yo no había podido oír. Estoy celosa de todo lo que él ha vivido sin mí, cuando debería dar gracias a Dios por haberme permitido compartir con él casi la mitad de su vida.

Desgraciadamente, poco tiempo después de su traslado a Luneburgo sufrió el cambio de voz y tuvo que ganarse la vida dando lecciones de violín y dedicándose a tocar acompañamientos. Tenía un don natural para todos los instrumentos y tocaba el violín, la viola, la espineta, el clavicordio, el címbalo, la viola pomposa y, sobre todo, el órgano, su instrumento favorito, que lo tocaba como probablemente no habrá vuelto a tocarlo nadie en este mundo. No digo que a los quince años poseyese ya esa perfección; pero, cuando le conocí, había llegado a la plenitud. En aquella época, lo único que no tocaba todavía era la viola pomposa, instrumento que él mismo inventó unos años más tarde. Desearía escribir esta crónica con toda precisión, con la misma precisión que él hubiera deseado, pues recuerdo cómo caía su mano en mi hombro cuando hacía alguna observación inexacta o me había equivocado de tecla al tocar el clavicordio. Era una sacudida suave, medio tierna, medio irritada. ¡Con qué placer aceptaría la culpa de una falta de ésas si pudiese sentir otra vez su mano sobre mi hombro!

Al llegar aquí quiero hacer la observación de que tenía unas manos verdaderamente notables. Eran grandes, muy anchas y de un alcance extraordinario en el teclado del clavicordio. Podía sujetar una tecla con el pulgar y otra con el meñique y, al mismo tiempo, tocar cualquier cosa con los dedos restantes, como si tuviese la mano completamente libre. Con la mayor naturalidad podía ejecutar trinos con cualquiera de los dedos de ambas manos y, simultáneamente, tocar los más complicados contrapuntos. Hoy me parece que para él no había nada imposible ante los teclados del órgano, sino que todo le era fácil y sencillo. Y, sin embargo, aseguraba que su virtuosidad sólo era producto de su aplicación y que podría alcanzarla todo el que se lo propusiese con verdadero entusiasmo. Pero ni los mejores de sus alumnos le daban la razón en ese punto, pues, conforme iban siendo mejores músicos, más se admiraban de su genio, que sólo él poseía y que era imposible de adquirir ni aun con la mayor aplicación y el mayor entusiasmo. Sebastián no sentía orgullo alguno por sus maravillosos talentos y los consideraba como si no le perteneciesen. La vida de la música era su única vida, y el músico sólo era un instrumento que no tenía por qué presumir de sus cualidades.

Durante su estancia en Luneburgo trabajó con su

aplicación habitual en su perfeccionamiento, consiguió madurar el movimiento de sus dedos y estudió todo el contenido de composiciones musicales de la biblioteca de la escuela, que le parecía un regalo del cielo. Pero a lo que dedicó más tiempo fue al estudio del órgano, en el cual le daba lecciones el organista de la iglesia de San Juan, que era también turingiano. Mas superó muy pronto a su maestro y creo que, hasta en su juventud, sería bastante complicado enseñarle a Sebastián Bach cualquier cosa relacionada con la música. Me parece que debieron de enseñarle los ángeles musicales antes de que ningún maestro terrenal lo intentase. Creo que tampoco el notable señor Böhm tendría mucho que enseñarle cuando sus pasos juveniles le llevaron hacia él, como más tarde hacia otros maestros. Recorrió a pie repetidas veces las muchas millas que hay hasta Hamburgo, para escuchar al señor Reinken, ante quien, el año antes de nuestra boda, cuando yo le vi por primera vez, tocó el órgano con mucho éxito. Ya se supondrá que en aquellos años no disponía de mucho dinero, y le sucedió que, en uno de esos viajes, se encontró, hambriento y con los pies llagados, sentado en un banco bajo la ventana de una posada, sin un céntimo, incapaz de poder pagar ni el menor bocado. Cuando estaba meditando sobre lo que haría para no tener que recorrer las millas que le faltaban con el estómago vacío, se abrió la ventana y cayeron a sus pies dos cabezas de arenque. Sebastián recogió aquel manjar poco apetitoso, pensando que, al fin y al cabo, dos cabezas de arenque son mejor alimento que no comer nada, y, con gran sorpresa y alegría, encontró en una de las cabezas un ducado danés. Esta historia me pareció siempre una de esas narraciones para conmover a los niños en Nochebuena. Tal vez por agradecimiento conservó Sebastián durante toda su vida cierta predilección por los arenques, especialmente preparados con vino blanco, especias y granos de pimienta. Sobre todo durante el verano, había muy pocos manjares que prefiriese a ése. Con el dinero de la cabeza del arenque no sólo pudo hacer una buena comida, sino que, y esto era para él mucho más importante, pudo repetir el viaje a Hamburgo y volver a oír al gran organista. En otra ocasión, bastante más tarde —mayo de 1716—, el órgano le proporcionó otra comida, de la que se acordaba siempre con satisfacción. Había ido a Halle con los señores Kuhnau y Rolle para probar un órgano nuevo, de treinta y seis registros. Después que el órgano fue probado y aceptado, el Ayuntamiento de Halle invitó a los tres músicos a una copiosa comida. Por lo menos a Sebastián, acostumbrado a la sencillez, le pareció extraordinariamente copiosa, y más tarde repetía con frecuencia que era la mejor comida que había hecho en su vida. Les dieron de comer sollo, carne de vaca, jamón ahumado, guisantes, patatas, espinacas con salchichas, ensalada de espárragos, ensalada de lechuga, ternera asada, rabanitos, pasteles y confitura de cáscara de limón y de cerezas.

Sebastián no tenía más que dieciocho años cuando obtuvo la primera plaza de organista. En Weimar había sido nombrado ya músico de la corte, y desde esa ciudad hizo su primera visita a Arnstadt para ensayar un órgano hermoso, recién instalado en la Iglesia Nueva. En aquella ocasión le oyeron tocar algunos músicos eminentes, que, a pesar de su juventud, reconocieron en seguida sus cualidades excepcionales. El organista que ocupaba la plaza en Arnstadt era un músico bastante mediocre y lo trasladaron a un puesto de menor importancia, para darle la plaza a Sebastián.

El órgano que tuvo a su disposición era un instrumento muy hermoso, por fuera lleno de tallas y ador-

«Juan Sebastián nació en el año 1685, en la espaciosa casa blanca de Eisenach, en el Frauerplan.» Grabado de Hans Bock.

La habitación natal de Juan Sebastián Bach. Grabado de Hans Bock.

Interior de la casa natal en Eisenach.

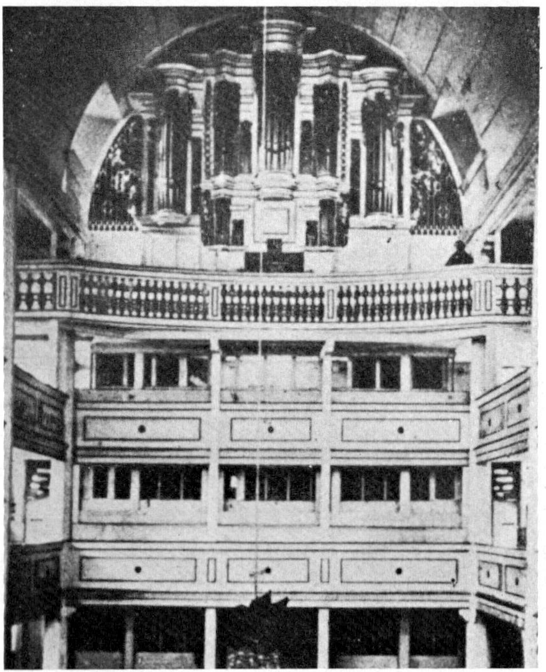

El órgano de la Iglesia Nueva de Arnstadt, fue el primero que, por decirlo así, Juan Sebastián pudo considerar «suyo».

nado con palmas y hojas doradas. A los lados, unas cabezas de querubines y cupidos soplaban en las doradas trompetas. Tenía dos teclados y un pedal de cinco registros.

Durante toda su vida habló Sebastián con extraordinario cariño de ese órgano de Arnstadt, casi como habla una madre de su primer hijo. Fue el primer órgano que, por decirlo así, pudo llamar suyo. Su investidura de organista fue muy solemne. El orador que le presentó habló de su aplicación y de su amor al oficio, y con voz emocionada le recomendó que siguiese viviendo como un honrado siervo de Dios y de sus superiores. Este discurso de presentación produjo una impresión profunda en su espíritu juvenil pero ya íntimamente maduro. Experimentó la sensación, según me contó más tarde, de que el mismo Dios había impreso su sello sobre su vocación musical y que, con ello, le había hecho lo que él había deseado ser siempre: un músico religioso. Amaba el órgano de tal manera, que, muchas veces, con un amigo dispuesto a darle al fuelle, iba a la iglesia a medianoche y tocaba el órgano hasta que la aurora enrojecía las ventanas que daban a oriente. En ese cargo, Sebastián tenía tiempo suficiente para su trabajo personal, pues sus obligaciones personales consistían solamente en tocar en los oficios divinos de los jueves y los domingos, en el acompañamiento musical del oficio del lunes y en dirigir los ensayos del coro. Pero el tiempo libre no era para Sebastián más que oportunidad para el trabajo. Nunca le vi ocioso, salvo cuando, de tarde en tarde, fumaba una pipa, y a pesar de que a mí no me gustaba el humo, me alegraba cada vez que se concedía ese placer. En mi librito de música me escribió una canción, cuyas palabras dicen así:

I

Siempre que tomo la pipa,
por distracción y placer,
cargada de buen «Knaster» (1),
una triste imagen viene
a volverme a recordar
que como la pipa soy yo.

II

Barro y polvo la engendraron,
de lo mismo fui hecho yo
y al polvo habré de volver.
Cae la pipa y se me rompe
antes de lo que creyera.
Ése mi sino ha de ser.

Me gustaba de tal manera esa canción, que un día la transporté para soprano en *sol* menor y, sentándome al clave, la canté mientras Sebastián echaba humo a grandes bocanadas. Se alegró mucho con mi canción y dijo: «La melodía sienta mejor a tu voz que el tabaco a tu boca, querida. Que nunca vea una pipa en tus labios —siguió diciéndome con fingida seriedad—, pues no volverían a recibir un beso mío.»

Pero, salvo esos momentos de expansión, no le vi nunca dilapidar el tiempo mientras duró nuestro matrimonio, porque el tiempo, según solía decir, es uno de los más preciosos dones de Dios, del que tendremos que darle cuenta ante su trono. Día por día enseñaba, componía y tocaba el órgano, el clavicordio, la viola o cualquier otro instrumento. Luego se dedicaba a la educación de la familia y, cuando le quedaba tiempo, leía los libros que había ido coleccionando poco a poco.

---

(1) *Knaster:* tabaco ordinario. — *N. del T.*

Sobre todo le interesaban las obras de teología. Yo no podía seguirle en esa lectura difícil, y más teniendo en cuenta que la mayoría de esos libros estaban escritos en latín. Desde su juventud había sido siempre así de aplicado, y cuando alguno de sus contemporáneos se llevaba las manos a la cabeza, asombrado de su producción, le contestaba con mucha sencillez que no era más que el fruto del trabajo. Los aplausos no le producían ninguna impresión, y únicamente la aprobación de músicos de valor reconocido le alegraba algunas veces.

«Toco siempre para el mejor músico del mundo —me dijo una vez—. Quizá no esté presente, pero yo toco como si lo estuviera.» Yo pensaba para mí que siempre estaba presente cuando Sebastián tocaba, pero no me atrevía a expresar en voz alta ese pensamiento, pues no le gustaban esa clase de manifestaciones. En semejantes casos solía contestarme: «Te extravías, Magdalena.» Y en el modo de arrugar el ceño y en cierto aire sombrío de su mirada deducía yo que le había desagradado. Sin embargo, en la época de que hablo ahora ya no podía ni gustarle ni disgustarle; no era todavía sino una niña que daba los primeros pasos inseguros en el mundo, sin poder adivinar que me habían de conducir hacia él.

Mientras Sebastián se perfeccionaba en Arnstadt, en el arte de tocar el órgano, deseó que le concediesen una licencia para ir a Lubeck, con objeto de asistir a los famosos conciertos nocturnos del señor Buxterhude, a los que acudían desde muy lejos los músicos más conocidos.

Desde Arnstadt tenía que recorrer más de trescientos cincuenta kilómetros a pie; pero era un buen andador, y un día brumoso de otoño emprendió el camino con su cartera de notas a la espalda, un bastón en la mano y la música en el corazón como fiel compañera. Había encontrado a un joven que le sustituyese como organista durante su ausencia y tenía licencia para estar un mes fuera de Arnstadt. Al partir creyó que ese tiempo sería suficiente para hacer los estudios que se había propuesto, pero en cuanto llegó a Lubeck y se sintió acogido en el regazo de la música, comprendió que no podría arrancarse de allí tan pronto, y, en efecto, pasaron varios meses antes de que regresase a Arnstadt.

La música de aquellos conciertos nocturnos tenía para él un encanto mágico, parecido al que ejercen las brujas de los cuentos infantiles en las personas; pero este encanto de Lubeck no era funesto. Todavía en su vejez me hablaba como de algo maravilloso de aquellos días del Adviento, en los que, al oscurecer, entraba en la iglesia, iluminada con cirios y llena de una muchedumbre silenciosa que oía las cantatas de Buxterhude. Conservó toda su vida un recuerdo particularmente vivo de *Las bodas del Cordero* y de *La celestial felicidad del alma en la tierra por el nacimiento de Nuestro Salvador Jesucristo.* El canto, los instrumentos de cuerda y el órgano le llenaban de entusiasmo. ¡Cómo le atraía el órgano! ¡Cómo le hubiera gustado ocupar allí una plaza de organista! También le atraía el pensar que en Lubeck hubiera tenido mucha más libertad que en Arnstadt. Y, en efecto, poco faltó para que el órgano de Lubeck me robase a mi marido antes de que la bondadosa Providencia le pusiera en mi camino. El señor Buxterhude le comunicó que le gustaría nombrarle su sucesor, si quería casarse con su hija y ser su yerno. Pero, ¡sean dadas gracias a Dios!, Sebastián no quiso de ninguna manera a su hija por esposa, pues la doncella era de carácter agrio y no le agradaba; además, tenía bastante más edad que él. Pero, con esta oferta del señor Buxterhude, Sebastián se encontró en una situación algo violenta y se volvió a despertar en él el deseo de regresar a Arnstadt.

A su vuelta, sus superiores le preguntaron por qué había permanecido ausente tanto tiempo. Les contestó que había ido a Lubeck para perfeccionarse en su arte y que para ello les había pedido y obtenido su autorización. A lo que le respondieron que había pedido una licencia de cuatro semanas y había estado ausente cuatro veces ese plazo. Con la silenciosa obstinación propia de los Bach, hizo como si no hubiese oído esas palabras y les dijo, con mucha amabilidad, que esperaba que su sustituto hubiera tocado el órgano a entera satisfacción de todos los feligreses, y como estaba seguro de que así había sucedido, no había ningún motivo de queja. El cabildo se quedó un poco desconcertado ante tanta ingenuidad y empezó el ataque por otro lado. Le acusaron de haber introducido variaciones en los corales y en su acompañamiento, con lo que producía desconcierto entre los feligreses. También le reprocharon que, cuando se le antojaba, tocaba el doble de lo que era costumbre, y otras veces tocaba unos preludios cuya longitud no llegaba a la mitad de lo habitual. Los que no gustaban de su manera de tocar el órgano no merecían otra cosa que perderlo, y no voy a llorar por ellos, aunque debo reconocer que Sebastián era un poco tenaz y caprichoso.

¡Cuántas molestias e intranquilidades le producía el coro! Una vez, en un momento de excitación, Sebastián llamó «buey» a uno de sus alumnos del coro, y el joven le esperó en la calle con un palo. Sebastián desenvainó su espada, y seguramente habría ocurrido algo muy desagradable si no hubiese acudido un transeúnte y los hubiera separado. Este incidente hizo que su permanencia en Arnstadt se le hiciese más penosa.

Yo sabía muy bien cuánto le hacía padecer su rigidez y su obstinación. Una vez me dijo que los que, como él, llevaban la música en el alma, tenían que pagarlo andando por el mundo con una capa de piel menos en el cuerpo que el resto de la gente. Por lo demás, no hablaba nunca de sus sentimientos, como lo hacían otros músicos, sobre todo franceses, ingleses e italianos, y por eso eran muy pocas las personas que le conocían íntimamente, como no lograsen deducirlo de su música. Sus sentimientos eran muy profundos y su carácter muy impetuoso, de modo que me causaba admiración el dominio que tenía de sí mismo. Cuando decidía hacer una cosa, la hacía, y ni yo ni nadie podía hacerle variar de resolución. Rechazaba todo ruego con mucha suavidad, pero de una manera inquebrantable. Por fortuna, en lo que respecta al bienestar de su familia era muy prudente, y rara vez erraba en sus decisiones. Una sola vez en la vida fui lo suficientemente tonta para creer que estaba equivocado. Pero, a pesar de la severidad de su carácter, era humilde en muchas cosas; en lo único que no toleraba ninguna desatención era en lo referente a la dignidad de su cargo. No exigía más que lo que él mismo daba: respeto a su puesto y jerarquía.

Ambos habíamos pasado una parte de nuestra juventud en cortes; yo, por el oficio de mi padre, y Sebastián por el suyo. Como comprendía que Sebastián sabía mucho más que yo, tenía que reconocer que la actitud de profundo respeto de Sebastián con los reyes y con los que Dios había colocado por encima de nosotros había de estar justificada, pero en mi corazón estaba siempre viva la sensación de que él era más grande que todos los reyes; porque era un rey no sólo entre los músicos, sino también entre los hombres, y porque, en realidad, los reyes tendrían que descubrirse ante él y besarle la mano, aquella mano maravillosa que tocaba una música más propia para la corte del Señor que para la del duque de Sajonia. Una vez le dije algo en ese sentido estando él enojado porque el príncipe le había hecho esperar largo rato para recibirle en audiencia; y, lo que sucedía raras veces, se enfadó mucho conmigo, diciéndome que el gran duque tenía un derecho heredado a hacer esperar. Mas, en aquella cuestión, ni siquiera mi marido pudo hacerme mudar de parecer, a pesar de que yo comprendía lo que me explicaba con tanto detalle, de que el derecho que Dios había dado a los reyes para mandar era la base de la sociedad, del orden y de las buenas costumbres. Él creía en la necesidad del orden en todas las cosas, en su casa, en su música y en su país, y lo alababa y protegía. Cuando tenía que poner música a palabras que hablaban de orden y deber, era completamente feliz.

Aún recuerdo a una señora francesa, bastante exaltada, que nos visitó en Leipzig. Escribía poesías y profesaba una profunda admiración por la música de Sebastián. Lo alabó con una superabundancia que no le gustó nada, pues pronto comprendió que la señora no entendía gran cosa de música, y a Sebastián le irritaba mucho esa clase de alabanzas. Además, le reprochaba la señora el haber puesto música a ciertos himnos y palabras del Evangelio; la cantata que hablaba de los «diezmos y primicias» era la que más le disgustaba.

—Esas ideas son demasiado pequeñas para vuestro talento, señor Bach —exclamó con demasiado ardor, mientras se agitaban todas las plumas que llevaba en la cabeza—. ¡Impuestos y diezmos, ley y orden! ¡Si quisierais poner música a mi poema sobre el amor y la belleza...!

—Señora —le interrumpió Sebastián, mirándola algo irritado—, no hay amor y belleza que merezcan tal nombre sin ley y orden, sin cumplimiento del deber y sin respeto a las autoridades legales.

Pero me he apartado del camino recto de la historia de su juventud, y cada vez veo mejor lo difícil que es para mí seguir sin desviarme el hilo de la misma, por la fuerza con que se amontonan simultáneamente mil ideas y recuerdos.

De modo que vuelvo a mi narración:

El cabildo de la Iglesia Nueva de Arnstadt criticó, tal vez no sin razón, su larga ausencia en Lubeck y pronto le manifestó su descontento porque no enseñaba la música a los alumnos de la escuela de canto en la forma que el cabildo deseaba.

A decir verdad, Sebastián era un maestro maravilloso para los alumnos que querían aprender de veras, que trabajaban seriamente y que amaban la música; mas para los muchachos rudos y desaplicados de la escuela de canto de Arnstadt, como más tarde para los de la escuela de Santo Tomás, de Leipzig, era demasiado grande e impaciente.

Le hicieron, además, el gran reproche de haber llevado a la tribuna del órgano a una muchacha forastera, con la que había estado tocando música. Pero esta muchacha no era una extraña, sino su prima María Bárbara Bach, a quien ya entonces tenía intención de llevar al altar.

Todas estas críticas, a pesar de su insignificancia, descompusieron su equilibrio espiritual, y cada vez fue más fuerte su deseo de fijar su residencia en otro lugar que no fuese Arnstadt. En aquella época le empezaba a brotar la música de que estaba lleno, y necesitaba un lugar tranquilo y sin preocupaciones para dar salida a la impetuosa corriente que llevaba dentro. Ansiaba tener una mujer que se cuidase de todas sus cosas diarias y terrenales, para poder dedicar todo el tiempo y todas sus fuerzas a la obra para la que Dios le había dotado con tanta prodigalidad.

Entonces quedó vacante la plaza de organista y profesor de música en la iglesia de San Blas de Mulhausen, y Sebastián la solicitó. Se presentaron muchos aspirantes, pero, en cuanto le oyeron tocar, se decidieron por él unánimemente y sin meditarlo más. En aquella sazón tenía veintidós años. Ya había terminado los de aprendizaje y de viajes y era maestro, y, con arreglo a la antigua costumbre alemana, había llegado el momento de casarse para poder admitir en su casa alumnos a quienes poder transmitir sus conocimientos, así como transmitiría su nombre a los hijos fruto de ese matrimonio.

La feliz muchacha sobre la que recayó su elección fue su prima María Bárbara Bach, que, como él, había vivido en Arnstadt, en casa de su tía, con la que se había encontrado frecuentemente, porque los Bach tenían mucho instinto familiar. Sobre ella derramó la bendición de su amor.

El pastor Stauber, de Oornheim, que ofició en la boda, se casó más tarde con la tía de Bárbara Bach. Entre los papeles de Sebastián encontré una copia del registro civil:

«El 17 de octubre de 1707, el honorable señor Juan Sebastián Bach, soltero y organista en la iglesia de San Blas de Mulhausen, hijo legítimo del honorable señor Ambrosio Bach, célebre organista y músico de Eisenach, ya difunto, contrajo matrimonio con la virtuosa doncella María Bárbara Bach, hija menor del ya difunto, muy honorable y afamado artista musical Juan Miguel Bach, organista de Geheren. Se casaron en esta santa casa de Dios, con la venia graciosa de su señoría y después de haber publicado las amonestaciones en Arnstadt.»

A pesar de aquellos pequeños desacuerdos, Sebastián se marchó de Arnstadt en buena armonía con sus superiores, que tuvieron la amabilidad de poner a su disposición un carro para que transportase los muebles a través de la llanura, desde Arnstadt a Mulhausen.

Así quedó establecido en aquella pequeña ciudad, y su primer alumno fue el bondadoso Martín Schubart, que vivió diez años bajo el mismo techo de su maestro y que, en la vida diaria en común, aprendió enormemente y procuró pagárselo con un cariño sin límites. Durante algún tiempo fue para mí un motivo de tristeza el que se muriese antes de que yo hubiera podido conocerle, pues Sebastián siempre hablaba de él con verdadero afecto y, sobre todo, durante su última enfermedad, que es cuando el hombre tiende a refrescar los recuerdos agradables de años pasados. Hasta llegó a creer, dos o tres veces, que Martín se encontraba en su cuarto. El alumno estaba en todo al servicio de su maestro, y le secundaba en la gran empresa que se había propuesto de renovar la música sacra en Mulhausen y hacerla digna del Señor, hasta donde le fuese posible. Como la biblioteca musical era muy inferior a los deseos de Sebastián, compró, de sus ingresos particulares, gran cantidad de partituras. También el órgano, su principal preocupación, estaba bastante necesitado de reparaciones: varios registros se hallaban descompuestos y completamente inutilizable el fuelle. Preparó con mucha aplicación un plan para reparar el órgano, y su proposición fue aceptada, con el encargo de que vigilase la reparación. Con arreglo a su deseo, se adaptó al órgano un juego de campanillas que se accionaban por medio de un pedal. Fue una invención suya que, entonces, le gustó mucho; años más tarde se reía de ese invento y decía que aquel juego de campanillas fue una tontería de niño, pues la principal característica del órgano era la seriedad y la nobleza de sus sonidos.

Pero no había de permanecer mucho tiempo en Mulhausen. No encontró allí el ambiente necesario para desarrollar en la forma que él quería la música sagrada. En aquella época había constantes controversias entre teólogos y doctores, y mi querido Sebastián, cuya fe era tan sencilla como profunda y completamente inquebrantable por disputas sobre pequeñeces, creyó que su música no podía florecer en aquel ambiente lleno de discusiones. Por lo cual escribió al Consejo Municipal de Mulhausen: «Aunque siempre he considerado como meta de mis esfuerzos el dirigir la música sagrada en honor de Dios y de su voluntad, y he dedicado todos mis esfuerzos a extender la música por todos los pueblos de los contornos, he encontrado toda clase de obstáculos y, por lo pronto, hay pocas probabilidades de que las circunstancias varíen.» Esto aparte, sus ingresos eran tan exiguos, que tuvo que añadir: «Además, debo comunicaros humildemente que, descontados el alquiler de la casa y demás gastos indispensables, casi no me queda lo necesario para vivir.»

Cuando el duque de Sajonia-Weimar le comunicó que le confiaría con mucho gusto la plaza de organista de la corte y director de la orquesta de cámara, se puso muy contento al pensar en trasladarse a aquella pequeña ciudad, tan alegre, rodeada de bosques, de agua y de colinas.

En Weimar, el tercer día de las fiestas de Navidad de 1708, nació su primer hijo, la niña Catalina Dorotea. Era una muchacha de trece años cuando me casé con su padre y fue siempre para mí un consuelo y una ayuda en la casa, pues me auxilió, como una verdadera hija, en la crianza de mis hijos y en el cumplimiento de otras muchas obligaciones hogareñas. Los cuatro hijos de Sebastián que encontré en la casa cuando entré en ella como esposa querida —puesto que los dos gemelos y el pequeño Leopoldo estaban ya bajo tierra, donde también hube que llevar a varios de los míos— fueron siempre para mí unos hijos e hijas buenos y obedientes; al poco tiempo de mi entrada en casa de Sebastián me parecían hijos propios, y también ellos sentían y veían en mí a una verdadera madre. Yo no podía amar a Sebastián y no hacer míos a los que eran su carne y su sangre. Su hijo predilecto era el mayor de los varones, Friedemann, lleno de virtudes y de claro entendimiento, unido a su padre por una simpatía extraordinaria, y, sin embargo, destinado a herir a su padre en lo más sensible; porque, aunque tenía los talentos de los Bach, carecía de su constancia y su buen juicio.

Pero solemos querer más a los hijos que nos hacen sufrir, y eso le ocurría a Sebastián, aunque su corazón era lo suficientemente grande para rodear de cariño paternal a todos sus hijos. Yo creo que sentía por Friedemann lo mismo que yo sentía por mi Godofredo, aunque Friedemann era un hombre brillante y de gran talento, mientras que mi querido Godofredo no era sino lo que solemos llamar «un buen chico». También creo algunas veces que el Todopoderoso nos da, por mediación de nuestros hijos, las lecciones más profundas. El darles la vida y el perderlos, esa alegría y esa pena, son anillos que nos sueldan a la cadena de la eternidad.

También el organista de la ciudad, Juan Walther, buen compositor, le dio pruebas de bondad y amistad. Durante toda su vida, Sebastián no necesitó, para estar contento, más que su familia y un grupo reducido de amigos que lo conocían y que comprendían su música. Cuando tocaba el órgano en otras ciudades —y éste era el único motivo de sus viajes, que realizaba por lo general en otoño—, desencadenaba, naturalmente, el aplauso y la admiración de sus oyentes, y lo aceptaba como tributo y premio natural a su profesión de músico. Pero nunca vi que le enorgulleciese el aplauso o la falta de entusiasmo le deprimiese. Tuve siempre la sensación de que llevaba dentro una unidad de medida distinta de las que el mundo podía aplicar.

Con esto no quiero decir que la admiración de los amigos del arte no le agradase y que no la recibiera con agradecimiento, como pude comprobar una vez que tocó el órgano en Kassel y el *kronprinz,* admirado de su habilidad y, sobre todo, de cómo manejaba el pedal, se quitó de la mano uno de sus anillos y se lo puso personalmente en uno de sus dedos; siempre lo llevó con gran satisfacción y lo contemplaba con agrado.

Ya que hablo de la habilidad de Sebastián, no quiero omitir una anécdota demostrativa de que también esa habilidad tenía sus límites.

Sebastián había dado a entender muchas veces que todo buen músico con un poco de práctica debe interpretar a primera vista cualquier clase de música. Su colega de Weimar, el organista municipal señor Walther, meditaba la forma de tenderle una trampa, para después reírse los dos de la broma. Sebastián almorzaba algunas veces en casa de Walther y, una de ellas, mientras esperaban que les sirviesen la comida, Sebastián se dirigió al clave, vio allí un papel de música y, naturalmente, se puso a descifrarlo. Pero no había avanzado mucho cuando llegó a ciertas notas que le hicieron tropezar y, muy sorprendido (pues no estaba acostumbrado a tropezar ante ninguna música, por complicada que fuese), repitió la pieza desde el principio y tuvo que detenerse en el mismo punto. En aquel momento, el señor Walther, que había estado escuchando tras la puerta entreabierta, no pudo contener la risa. Sebastián se levantó de un salto y dijo, un poco avergonzado: «Aún no ha nacido el hombre capaz de tocarlo todo a primera vista. Este pasaje es imposible.» En años posteriores contaba con frecuencia esta anécdota, para animar a discípulos tímidos.

El señor Walther se sentía también ligado a Sebastián, porque las madres de ambos pertenecían a la familia de los Lämmerhirt. También conocía la casa de «Las Tres Rosas», de Erfurt, en la que había nacido la madre de Sebastián, aquella madre de la que no se acordaba claramente y que había muerto demasiado joven para poderse alegrar con la grandeza de su hijo. Pero estoy segura de que Dios, en su infinita bondad, le concedió que pudiese oír su música desde el cielo. También sigo creyendo que el cielo sería menos cielo si no se pudiera oír a Sebastián, aunque temo que mi director espiritual no esté conforme con esta creencia.

A la iglesia del castillo de Weimar la llamaba el pueblo «El camino de la Ciudad Celestial» y, realmente, debió de ser una ciudad celestial mientras Sebastián tocó el órgano en ella. Un amigo de Sebastián en aquel tiempo de Weimar me contó una vez que, en los servicios divinos que se celebraban en aquella iglesia, la música tan profundamente religiosa de Sebastián producía en los creyentes como un presentimiento de las alegrías del cielo, y merecía realmente la glorificación eterna. Nunca he podido olvidar esas palabras.

En Weimar, en el pequeño órgano del castillo, que tanto le agradaba tener bajo las manos —y, hay que decirlo, bajo los pies, pues manejaba el pedal que era una maravilla en aquella época—, llegó Sebastián a la madurez como organista y compositor. Apreciaba particularmente el pedal con sus siete registros (uno de los cuales medía casi nueve metros, y otros tres, la mitad), gracias al cual se producía el magnífico y solemne tono grave que tanto le agradaba. En Weimar escribió Sebastián gran cantidad de música para órgano y, sobre todo, su *Pequeño libro para órgano,* del que tanto me gustaba oírle tocar. Algunos de esos preludios para corales aprendí a tocarlos bajo su dirección; pero, en general, para su ejecución se necesitaba más habilidad de la que yo tenía. A ese libro, con el lomo y las cantoneras de cuero, que yo conocía tan bien, lo titulaba *Librito para órgano, que servirá de guía a los principiantes para las diversas maneras de ejecutar un coral y les dará la posibilidad de especializarse en el manejo del pedal, pues en algunos de los corales que en él se encuentran el uso del pedal es obligado. Para honrar a Dios y enseñar al prójimo.*

Yo era demasiado «principiante como organista» para poder tocar muchas cosas de aquel libro, algunas de las cuales eran muy difíciles. Es cierto que Sebastián no podía imaginarse con precisión las dificultades con que tropiezan los principiantes, que él había vencido con tanta facilidad siendo todavía muy joven. ¡Pero qué placer era oírle tocar los preludios de corales de aquel librito! No tengo más que abrir el libro y todo el tiempo pasado se me acerca. Como era muy joven, no sé cuál me gustaba más, pero el que más me consuela es el que me recuerda la voz de Sebastián para despertar en mí la paciencia y la esperanza. Es una pieza que se encuentra casi al final del libro y se titula: *Para los moribundos: Todos los hombres tienen que morir.*

¡Cómo cantaba la melodía cuando la tocaba en el positivo, y qué paz derramaban en el corazón los imponentes grupos de las dobles y triples corcheas! La música más noble de Sebastián se la inspiró siempre la idea de la muerte. Eso, cuando yo era joven, me asustaba un poco; pero ahora sé mejor cuáles eran los sentimientos de su corazón.

Los otros dos preludios que eran verdaderamente admirables eran los destinados a la época de Cuaresma: *Oh inocente Cordero de Dios* y *Oh hombre, llora tu gran pecado.* Los últimos compases de ese coral son tan tristes y hermosos, que cuando los escuchaba, temblorosa, me parecía que se me detenía el corazón.

Pero si empiezo a pensar en su música y a hablar de ella, me temo que la historia de su vida quedará sin escribir; mas el querido librito para órgano está tan lleno de recuerdos de mi felicidad pasada, que me es difícil apartar los pensamientos que me sugiere.

Durante su época de Weimar había llegado Sebastián a ser un maestro completo e insuperable en el órgano y en los demás instrumentos de teclado, y había inventado y propagado una nueva manera de colocar y mover la mano, tan original y cómoda, que la opinión de la gente era que no había nadie que pudiese superarlo en nada referente a la música. En Dresde, hasta donde ya había llegado la fama de Sebastián, se presentó en aquella época un famoso músico francés, Juan Luis Marchand, hombre muy vanidoso, pero realmente muy capaz, y anunció que estaba dispuesto a competir con todos los músicos del país sobre los que esperaba demostrar su superioridad. Ese modo de obrar no era propio para despertar el interés

La iglesia y la escuela de Santo Tomás.

Calle de Luneburgo. Al fondo la iglesia de San Miguel, donde Juan Sebastián formó parte del coro a los quince años de edad.

El gimnasio de Eisenach donde estudió Bach

de mi Sebastián, y ni siquiera hubiera salido a la calle para oír hablar de ese asunto. Pero algunos músicos alemanes se sintieron ofendidos por el presuntuoso desafío del francés y le agobiaron a súplicas para que defendiese la música alemana y se midiese con él. A disgusto y vacilando, se dejó convencer y acabó por aceptar el reto de Marchand. Pronto quedaron arreglados todos los detalles para el encuentro, que había de celebrarse en casa del conde de Flemming. Acudieron muchas damas y muchos caballeros de la corte, que esperaban excitados el principio del torneo, cuando en la sala, brillante por las luces de innumerables velas, entró Sebastián, tranquilo como siempre. Iba dispuesto a someterse a cualquier prueba musical que le propusiera el francés. Pero aquel señor extranjero se hacía esperar y no hubo más remedio que mandar, al cabo de un rato, a un lacayo a su casa, para buscarlo. Mas pronto regresó el criado con la noticia de que el *monsieur* se había ausentado de Dresde aquella misma mañana en una silla de posta especial. Se sospechó que habría tenido ocasión de oír tocar a Sebastián sin ser visto y reconocería en él a un hombre con el que no podía competir, llegando a la conclusión de que lo más conveniente para su fama era no acudir al concurso.

Debo confesar que esta anécdota no se la oí contar a Sebastián, sino a otra persona que la presenció. Nunca le causó alegría derrotar a un rival, y se enojaba bastante cuando se contaba ese suceso en su presencia. Aseguraba que Marchand era un gran músico y que aquel asunto había sido exagerado por gente desconocedora del arte. Una vez, estando Sebastián en Erfurt, oyó hablar mal de Marchand y contuvo las críticas con las siguientes palabras: «Os voy a enseñar lo hermosas que son sus *suites* para clave, que tanto despreciáis.» Se sentó al clavicordio y supo elegirlas y tocarlas con tanta delicadeza y maestría, que parecieron muy superiores a lo que realmente eran. Esa misma generosidad mostró siempre con todos los músicos. Sabía hacer tolerable su grandeza gracias a la bondad de su corazón.

Siempre estaba dispuesto a oír músicos, de su ciudad o de otra, y le causó una verdadera desilusión el que todos sus intentos para conocer a Haendel fracasasen. Admiraba y le encantaba la música de ese maestro, y pasaba horas enteras copiando las partituras del hombre admirado (un trabajo agradable, en el que me gustaba ayudarle). También dirigió en Leipzig la ejecución de la cantata de Haendel sobre *La Pasión de Nuestro Señor*. Como ambos habían nacido en Sajonia y en el mismo año, Sebastián tenía la sensación de que también fuera de la música existía un lazo entre ellos, e hizo varias gestiones para encontrarse con Haendel. Una vez, en ocasión en que éste pasaba una corta temporada en Halle, su ciudad natal, Sebastián fue desde Cöthen exclusivamente para saludarle, pero llegó al anochecer del mismo día en que Haendel se había vuelto a marchar. Diez años después, Haendel volvió otra vez a Halle, y Sebastián le mandó, por mediación de su hijo, una invitación para que fuese a visitarle a Leipzig, ya que él se encontraba indispuesto y no podía emprender el viaje de dicha ciudad a Halle. Pero a Haendel le debió de ser imposible ir, y Sebastián se llevó una nueva desilusión y hubo de renunciar a la alegría de conocer al gran compositor, al cual admiraba y de quien suponía que también desease conocer a su gran paisano. Haendel era un músico suficientemente grande para reconocer la importancia de las obras de Sebastián, aunque la fama de éste quedaba limitada a Alemania, mientras que su nombre sonaba hasta en Italia e Inglaterra. Pero es que Haendel buscaba al público, viajaba mucho y ganó gran cantidad de dinero, mientras que Sebastián huía del ruido y del mundo y se dedicaba al trabajo tranquilo y silencioso en el seno de su familia.

Solamente en otoño tenía Sebastián la costumbre de viajar un poco, casi siempre para probar en algún sitio un órgano nuevo e informar sobre él. Constantemente recibía de todas partes peticiones para que hiciese esa clase de informes, pues estaba probado que sabía juzgar las cualidades de un órgano con la misma maestría con que lo tocaba, y que sus juicios eran siempre irrevocables y completamente imparciales.

Refiriéndose a esto, decían sus amigos que, por su gran franqueza y honradez, se creaba enemigos, pues por ningún motivo era capaz de cerrar los ojos y callar el menor defecto de un órgano. «Nada es baladí en un órgano», solía decir. Lo primero que hacía al ir a probar uno era sacar todos los registros, para oír sonar el órgano de lleno y poder observar, como decía frecuentemente con una sonrisa, «si el órgano tenía los pulmones sanos». Después observaba hasta los detalles más nimios. Un constructor de órganos que no hubiese trabajado a conciencia tenía realmente motivos para temer un examen hecho por Sebastián.

En el otoño de 1717 indagó el joven príncipe Leopoldo de Anhalt-Cöthen si a Sebastián le agradaría ser director de su orquesta de cámara. Sebastián aceptó gustoso la oferta, pues se sentía postergado porque, al quedar libre esa misma plaza en Weimar, no se la habían ofrecido. Cuando murió el viejo director de orquesta, Sebastián tenía motivos para esperar que le hubieran ofrecido la plaza y, sin embargo, se la dieron al hijo del difunto, que era un músico bastante mediocre. Yo creo que Sebastián se sintió verdaderamente ofendido, pues no ocultó su disgusto y pidió que le dejasen en libertad para trasladarse a Cöthen, en una forma tan cortante y perentoria, que entonces le tocó al duque el turno de enfadarse y dio orden de que arrestasen a Sebastián durante un mes. A mi juicio, la falta de libertad era una de las mayores durezas de la vida de los músicos de corte.

Pero el tiempo, los disgustos y los dolores pasaron, y, para Navidad, Sebastián se había trasladado a Cöthen con su mujer y su hijo y esperaba poder llevar allí una vida más tranquila y retirada que en Weimar.

Durante su permanencia en Cöthen no pudo disponer más que de un órgano muy pequeño que había en palacio y no tuvo ninguna relación fructífera con la música sagrada. Por eso se dedicó por completo y, dado su temperamento, de todo corazón, a la música de cámara.

El joven príncipe le ayudaba con mucha bondad y simpatía: era un músico muy culto que amaba apasionadamente el divino arte y sabía apreciar a su director de orquesta con arreglo a sus merecimientos. Tuvo también la amabilidad de ser padrino del hijo de Bárbara y Sebastián. Pero el pequeño murió a los pocos días de haber sido bautizado en la capilla de palacio. Cuando el príncipe iba a Carlsbad a tomar las aguas, llevaba siempre en su séquito a su director de orquesta. Sebastián amaba Cöthen, su tranquilidad y su paz; pero creo que aunque se hubieran presentado circunstancias especiales, no se habría quedado allí para siempre, porque estaba aislado de lo que para él era lo principal como compositor: la música sagrada, que era la expresión más adecuada de su naturaleza profundamente religiosa.

En Cöthen murió María Bárbara Bach y le dejó

cuatro hijos de los siete que le había dado en sus trece años de matrimonio. En Cöthen fui yo su mujer. Y, después le haber descrito su vida lo mejor que he podido hasta que fui su esposa, voy a proseguir, hablando de los años que pasé a su lado.

De la religiosidad de Sebastián, de mi boda, del Cuadernito para clave, *de la perfección del movimiento de dedos, de la felicidad de padre y de maestro, del* Clave bien temperado *y de la mujer golosa de fugas.*

CREO que Sebastián era un hombre muy difícil de conocer no queriéndole. Si yo no le hubiese querido desde el principio, estoy segura de que nunca le hubiera comprendido. En sus conversaciones sobre cosas profundas era siempre muy retraído, no se manifestaba con palabras, sino con su actitud y, naturalmente, con su música. Era el hombre más religioso que he conocido en mi vida. Esto puede parecer extraño, si se tiene en cuenta la gran cantidad de buenos pastores luteranos que he conocido bien. Eran hombres buenos, cuya vida se reducía a pronunciar sermones y dar buenos ejemplos. Sebastián era distinto. Para él, la religión era algo reservado, que no hay que mostrar constantemente, pero que existe y no se olvida nunca. En él había cosas que, sobre todo al principio de nuestra vida en común, me causaban miedo; tenía una austeridad roqueña, a la que servía de base y suavizaba un poco su bondad. Pero lo más extraño de todo era una ardiente añoranza, que le acompañó durante toda su vida de trabajo: la añoranza de la muerte. Yo sólo la notaba algunos instantes en que pasaba como un relámpago, pues creo que trataba de ocultármela para no asustarme; porque yo era muy joven y no tan valiente como él. Mientras él vivió, jamás sentí el menor deseo de dejar este mundo, que tan hermoso me parecía; pero hoy, que soy vieja y solitaria, comprendo mejor esa nostalgia de un lugar donde todas las cosas alcanzan la perfección. Grabada profundamente en el corazón llevó siempre la imagen del Crucificado, y su música más noble fue un grito nostálgico que le arrancaba la visión de Cristo redivivo.

Mis padres me habían educado muy piadosamente en la fe luterana, pero la religión de Sebastián era una cosa más grande. Yo lo advertí ya el primer día de nuestro casamiento, cuando, al marcharse los invitados, Sebastián se me acercó, me levantó la cara cogiéndomela con las dos manos, me miró fijamente y dijo: «¡Doy gracias a Dios por haberme hecho el don de tu persona, Magdalena!» Yo no pude contestarle, pero escondí la cara en su pecho y murmuré apasionadamente esta plegaria: «¡Dios mío, hazme digna de él!» De pronto, tuve conciencia de mi juventud y de la gran responsabilidad que había contraído al aceptar ser la esposa de semejante hombre. Si en alguna forma le hacía desgraciado, corría el riesgo de malograr su música. Acostumbraba decir que las disonancias son tanto más horribles cuanto más se aproximan a la armonía, y que las disputas entre esposos eran insoportables. Claro que tuvimos contrariedades e intranquilidad, como todo el que anda por este mundo, pero siempre fue por cosas ajenas a nuestras personas y nunca tocaron a nuestro amor.

El que fuese quince años mayor que yo y el haber sido ya casado explica tal vez que siempre fuese conmigo tan bueno e indulgente. Yo estaba bien educada y sabía guisar, hilar y coser, pero nunca habían pesado sobre mis hombros las preocupaciones de dirigir un hogar y mucho menos de cuidar niños. Mi madre era una mujer de su casa, tan buena y hacendosa, que yo nunca había podido apreciar todo lo que era necesario para dirigir bien una casa y procurar la comodidad a todos los miembros de la familia. Pronto comprendí que el desorden era una cosa que Sebastián no podía soportar. Sus papeles y sus objetos personales habían de estar guardados y cuidados de una manera determinada, y no había que hacerle cambiar ninguna de sus costumbres. Odiaba tanto la falta de puntualidad como el despilfarro, pues, según él, la inexactitud era el derroche de lo inapreciable, de la única cosa que no se puede obtener por segunda vez: el tiempo. Al principio, yo era un poco despreocupada y olvidadiza; pero tuvo mucha paciencia conmigo y pronto me corregí de los defectos que no le agradaban. Porque mi único pensamiento, mi única aspiración, era agradarle y hacer que su hogar fuese el lugar de este mundo en que es sintiese más feliz.

Precisamente una semana después de nuestro casamiento, celebró su boda el príncipe de Anhalt-Cöthen, que tanto apreciaba a Sebastián y tantas pruebas le había dado de su bondad.

No parecía que aquella aristocrática boda hubiese de tener ninguna influencia en nuestra vida, y, sin embargo, la tuvo, pues fue la causa de que, algún tiempo después, nos trasladásemos a Leipzig, donde pasamos el resto de nuestra vida.

Hasta el momento de su boda, el mayor placer del príncipe había consistido en oír buena música, y, naturalmente, la música empezaba y acababa en su director de orquesta, Sebastián Bach. Los conciertos, que tenían que ser modestos, porque el príncipe no era suficientemente rico para sostener, como otros soberanos, una orquesta grande, eran, bajo la dirección de Sebastián, de una belleza extraordinaria, pues en ellos se tocaban, por primera vez, muchas composiciones suyas. Es posible que la nueva duquesa opinase que su marido dedicaba demasiado tiempo a la música y a su director de orquesta; tal vez fuese un poco celosa y quizá le aburriesen aquellos conciertos tan admirables, pues, según dicen, existen personas, aun entre las nacidas en las alturas, para las que esa música seria no tiene ningún encanto. El caso es que, al cabo de pocos meses, se produjo un cambio en nuestro príncipe. Dejó de tocar, empezó a no acudir a los conciertos y cesó de animar a los músicos; en una palabra, en la corte de Cöthen, la música se marchitaba y se iba muriendo. Sebastián se asustó, e iba siendo cada vez más desgraciado, porque no podía vivir en aquella atmósfera fría. Un día volvió a casa muy deprimido por una negativa que le había hecho comprender que el interés del duque se había apartado completamente de la música, para no ocuparse más que en la tierna y exigente princesa. «Magdalena —me dijo con aire sombrío—, tendremos que salir de Cöthen y marcharnos a otro sitio. Aquí ya no hay lugar para un músico. ¿Estás dispuesta a ir recogiendo nuestro modesto hogar?» Yo le respondí, como debía, que mi hogar no podía estar más que donde él se encontrase bien, e intenté consolarle lo mejor que pude. Pero la idea de trasladarnos de Cöthen no era agradable para ninguno de los dos, pues él quería mucho aquella ciudad y para mí representaba mi primer hogar de casada. Toda mujer comprenderá lo que supone dejar un lugar que encierra tales recuerdos. No llevábamos viviendo juntos en Cöthen sino poco más de un año; pero ese año estaba para mí lleno de maravillas. Vivir con él y verle día por día era una felicidad que no hubiera podido merecer ni he merecido nunca. Durante mucho tiempo viví en un estado de asombro, como en un sueño, y, algunas veces, cuando Sebastián estaba fuera de casa, se apoderaba de mí el temor de que pudiese despertar de ese sueño y volver a ser la niña Ana Magdalena Wülken, en vez de la esposa del maestro de capilla Bach. Mas luego, cuando oía el ruido de sus pasos ante la puerta, corría hacia él, que venía a mí con una caricia o una palabra tierna, me cobijaba en sus brazos, me sentía protegida y reconocía que el sueño encantador era una realidad.

Poco tiempo después de nuestra boda me trajo un librito de música que había hecho para mí; todavía lo tengo en mi poder y, por muy pobre que llegue a ser, no me separaré de él mientras viva.

Una noche, después de haber acostado a sus cuatro hijos pequeños, estaba yo abajo en su cuarto de trabajo, a la luz de una vela, copiando una partitura, cuando se me acercó sin hacer ruido y colocó en la mesa, ante mí, un librito encuadernado, de color verde, con lomo y cantoneras de cuero. En la primera página llevaba la siguiente inscripción:

CLAVIERBÜCHLEIN

vor

ANNA MAGDALENA BACHIN

Anno 1772

Cuando abrí las páginas de este librito, con manos impacientes, mientras él, detrás de mí, me observaba con bondadosa sonrisa, vi que había escrito en aquel librito composiciones fáciles para clavicordio dedicadas a mí. Hacía poco que había empezado a enseñarme a tocar ese instrumento y yo todavía no había adelantado gran cosa, a pesar de que ya sabía tocar un poco cuando me casé. Había escrito aquellas pequeñas composiciones melodiosas para darme una alegría, para animarme y hacerme pasar en forma agradable a una técnica superior. Entre aquellas piezas había una grave y bella zarabanda —las zarabandas, en las *suites* y *partitas* de Sebastián, siempre las había encontrado encantadoras, pues me parecían expresar con precisión su modo de ser— y el pequeño minué más alegre que he oído en mi vida. Todas las composiciones tenían un encanto como para animar al estudio a cualquier alumno de clavicordio.

Sebastián estaba siempre dispuesto a descender de su altura y coger de la mano a cualquier niño, a cualquier principiante en el arte, para llevarlo por el camino que conduce a la perfección. Nada le hacía perder la paciencia con los alumnos, salvo la falta de atención y la indiferencia.

¡Si pudiera explicar su manera de dar lecciones! Creo que no ha habido mejor maestro en el mundo, tan entusiasta, tan paciente (excepto con los perezosos), tan infatigable, y a cuyos ojos y oídos no se escapaba la más pequeña falta, ni toleraba la menor distracción. He visto a jóvenes alumnos suyos temblar de excitación al entrar en clase, y algunas veces he visto lágrimas de emoción, producidas por su bondad, cuando salían. Y les he visto palidecer cuando estaba enojado con ellos, lo cual sucedía rara vez. Sin embargo, en algunas ocasiones, estallaba su naturaleza violenta, sobre todo cuando descubría trampas de cualquier clase. Una vez le vi arrancarse la peluca y tirársela a la cabeza a un alumno, al que denostaba llamándole «estafador del piano», porque había intentado producir un efecto deslumbrante sin base sólida para ello.

Cuando me daba lección era de una paciencia angelical, y solamente con la muerte olvidaré las horas deliciosas que pasé sentada a sus pies, aprendiendo. Naturalmente, conmigo no era tan severo como con sus alumnos aspirantes a músicos profesionales, y, en los primeros años, tenía yo tanto que hacer con nuestros pequeños, que la música no era para mí más que una distracción, un descanso agradable. Sin embargo, en el primer año de nuestro matrimonio me dio seriamente lecciones de piano y me enseñó el «bajo cifrado» y hasta me dio lecciones de órgano. La primera vez que le manifesté el deseo de aprender a tocar el órgano se rió un poco y me dijo que era un instrumento demasiado grande para una mujer tan pequeña. «Si hiciera funcionar al mismo tiempo todos los registros —añadió—, te meterías los dedos en los oídos y te irías corriendo a casa.» Pero como vio que no me desanimaba a pesar de esas bromas bondadosas, empezó a darme lecciones cuando teníamos tiempo disponible, y creo que le causaban tanta alegría como a mí, que no es poco decir. El apretar una tecla de órgano produce una sensación de extraño apasionamiento. Como he contado hace poco, antes de mi boda había estudiado algo el clavicordio; ¡pero tocar el órgano es una cosa completamente distinta! Los tres teclados no me causaban dificultades, aunque me producía cierta confusión tocar la melodía en el positivo, a un nivel más bajo que el teclado en que tocaba el acompañamiento, como tenía que hacer algunas veces; pero pronto me acostumbré. Primero ejecuté cantos y *lieder* a cuatro voces, con las dos manos; después me dejó tocar el bajo con los pies. Pero esto me produjo una gran confusión y me pareció que se me iba la vista. Dejé las manos en los teclados, el pie en el pedal, me detuve y, mirando a Sebastián, que estaba a mi lado, le dije asustada: «No puedo seguir; no sé por qué, pero no puedo.» «Eres una boba —me contestó—, y, si no estuviésemos en la iglesia, te daría un beso.» Pero, aunque se burlaba de mí, tenía conmigo una paciencia inagotable, y, después de trabajosos ejercicios, pude por fin tocar las notas de los pedales sin tener que andar buscando minutos enteros con los pies. Desde el principio me prohibió terminantemente mirar los pedales. «¡Tendría que ver —solía decir— que no pudieses tocar una nota sin mirar antes si era realmente la precisa! ¡Sólo los malos organistas miran los pedales, y no puedo consentir que seas una mala organista! ¡Quizá no avances mucho por este camino, pero, a lo menos, lo que andes debes andarlo bien!»

Y, verdaderamente, no avancé mucho por aquel camino difícil pero delicioso, mas sí lo suficiente para comprender lo asombrosamente lejos que por él había llegado Sebastián. Porque cuando se desconocen en absoluto las dificultades de tocar el órgano, no se puede juzgar lo que supone el tocar los preludios y las fugas como él lo hacía. El trabajo y el tiempo que empleé en aprender a manejar el órgano, por imperfectamente que lo hiciera, me lo pagó con creces la alegría que experimentaba al oír y comprender las obras gloriosas que Sebastián escribió para su instrumento favorito. También empezó a componer en mi librito de clavicordio una fantasía para órgano, pero le faltó tiempo para terminarla. Empecé a gustar del órgano cada vez con más pasión, ya fuese porque también él lo amaba o porque su música más noble y elevada la compuso para este instrumento, la música que expresaba con más pureza su personalidad y su naturaleza, la que hacía hablar más directamente a su alma. Ya sé que muchos conocedores y buenos jueces musicales prefieren sus cantatas, mientras que a otros les gustan más las piezas encantadoras que compuso para clave. A decir verdad, si se reflexiona sobre el asunto, es muy difícil elegir y expresar una diferencia; sólo se puede repetir con la Biblia: «Como una estrella se distingue de otra en brillo...»

Pero me he apartado mucho de lo que pensaba decir, o sea cómo enseñaba Sebastián. Procedía con arreglo a un método propio, cuidadosamente estudiado y meditado. Ningún esfuerzo le parecía excesivo para «la juventud que desea aprender». Cuando sentaba al clave a un principiante, por ejemplo, a uno de sus hijos, obraba de la siguiente manera: primero le instruía sobre la colocación de la mano y el movimiento digital. Él fue quien primero empleó lo que llamaba el método natural de cruzar el pulgar bajo los demás dedos. Hasta entonces, los pocos que empleaban el dedo pulgar lo cruzaban por encima de los otros, lo que dada una impresión de torpeza. También fue Sebastián el primero que empleó *todos* los dedos para ejecutar trinos y adornos. No permitía que pasasen a tocar nada sin dominar a la perfección esos ejercicios, pero también para esos alumnos escribió gran cantidad de pequeños ejercicios que, a pesar de que su objeto sólo era que adquiriesen ligereza en los dedos, alegraban sus espíritus, haciendo más agradable el trabajo con sus lindas melodías. Yo he presenciado cómo se apartaba del clavicordio en el que un alumno luchaba con ciertas dificultades, se dirigía a la mesa, cogía un papel y, con mano ligera, aunque no tanto que pudiera seguir la velocidad de las ideas, escribía una pequeña «invención» que contenía la dificultad con que luchaba el alumno, en la forma más clara y agradable para resolverla; de modo que el alumno, por amor a él y a su música, cobraba ánimos para seguir con el ejercicio.

Con frecuencia les decía a sus alumnos: «¡Tenéis

todos cinco dedos sanos en cada mano, lo mismo que yo, y, si os ejercitáis, aprenderéis a tocar como yo! ¡Lo único que hace falta es aplicación!»

Para su hijo mayor, Friedemann, que fue su hijo y su alumno favorito, escribió, cuando el pequeño tenía diez años —uno antes de nuestra boda—, una piececita para clave. Luego de aprenderla Friedemann y de ser utilizada después por otros niños, la guardé yo para que no se perdiese, pues Sebastián no daba ningún valor a esas composiciones sencillas. Cuando desaparecía una de esas composiciones o la perdía algún alumno, solía decir con mucha calma: «Bueno, escribiré otra.» Su espíritu era tan fructífero como el viejo cerezo que había en el jardín de mi anciana tía, en Hamburgo.

En el libro para clavicordio de Friedemann, en la primera página escribió una explicación sobre las claves y los principales signos y ornamentos musicales. Luego venía una composición en la que había cuidado hasta los menores detalles el movimiento de los dedos sobre el teclado, y se llamaba *Applicatio,* al principio de la cual había escrito las palabras «*In nomine Jesu*». Bajo esta advocación escribió toda su música, lo mismo la grande que la pequeña. Todavía recuerdo con placer su contento un día en que, al entrar en el cuarto, me sorprendió tocando una giga compuesta por él y, mientras nuestros dos hijos más pequeños bailaban alegremente, yo les grité: «¡Creo que hasta al Niño Jesús le hubiera gustado bailar al son de esta melodía!» Se acercó a mí y me besó en la nuca. «¡Qué lindo pensamiento has tenido, corazoncito mío!», me dijo sonriente, y me satisfizo mucho el que mi idea le hubiese gustado. Sí, yo tenía la creencia de que mi marido era capaz de componer música lo suficientemente dulce para el Niño celestial, y su canción de cuna del Ora-

El órgano de Bach en Arnstadt.

Juan Sebastián de joven. Pintura anónima, Museo Municipal de Erfurt.

La iglesia de San Miguel en Luneburgo.

torio de Navidad la hubiera cantado, seguramente, la Bienaventurada Madre a su Hijito divino. También su música era lo suficientemente grandiosa para el Salvador en el Calvario, como lo prueba el *Crucifixus* de su gran Misa. Al final de sus primeras partituras escribió siempre Sebastián: «*Soli Deo Gloria*» («Sólo por la gloria de Dios»).

Para Friedemann escribió muchas de las *Inventions* a dos y tres voces, que amplió un año después y reunió en un tomo al que tituló: *Guía sincera que enseñará a los amantes del clavicordio, y particularmente a los que deseen consagrarse a la enseñanza, un método claro para llegar a tocar limpiamente dos voces y, después de haber progresado, ejecutar correctamente tres partes obligadas; al mismo tiempo, esta guía les proveerá no solamente de buenas «invenciones», sino de la manera de ejecutarlas bien, y sobre todo las ejecutará en los cantables y les aficionará a la composición.*

Por consiguiente, no causará extrañeza el que, debido a los trabajos y molestias que Sebastián se tomó por ellos, sus dos hijos mayores llegasen a ser músicos tan notables: Friedemann, el organista que, en su tiempo, solamente era inferior a su padre, y Manuel, el más grande de los cimbalistas de su época y compositor de talento.

Cuando nos casamos, en 1721, Friedemann tenía once años; Manuel, siete; el pequeño Juan Godofredo, seis, y la querida Catalina, la mayor, dos años más que Friedemann. Así, tuve desde el principio una pequeña familia a la que había de cuidar maternalmente; y sin duda, siguiendo el ejemplo de su padre, los pequeños me quisieron pronto de todo corazón y me confiaban sus penas y alegrías, aunque Friedemann, el mayor, que se creía un poco el compañero responsable de su padre, se mostró algo reservado.

Pero éramos muy felices todos juntos, y especialmente cuando convencíamos a Sebastián de que, después de cumplir sus deberes en la corte y con sus alumnos, abandonase sus composiciones y nos acompañase a hacer una excursión fuera de las murallas de la ciudad. Entonces metíamos en una cesta algo de comer y nos íbamos a sentar a la sombra, en un lugar de las afueras.

Sebastián y los chicos corrían y saltaban jugando como locos, y todos nos reíamos más que de costumbre, pero comíamos con tal apetito, que, más tarde, no emprendía una de esas excursiones sin haber amasado antes abundantemente. Yo me sentía tan joven como cualquiera de los chicos y, según parece, perdía la seriedad propia de una mujer casada; porque, cuando Sebastián estaba alegre, tenía muchas ocurrencias y decía tantos chistes y bromas, que nos contagiaba a todos. Luego, cuando los niños empezaban a cansarse y el pequeño Juan se subía a mi regazo, Sebastián nos contaba cuentos y leyendas que había aprendido en su niñez, en Eisenach o, lo que a mí me gusta más, verdaderos sucesos de quienes, como él, habían vivido en Eisenach, de la vida de Santa Isabel y del gran Martín Lutero. Después, a la luz del crepúsculo, nos encaminábamos hacia casa y, tras de acostar yo a los niños, me sentaba, también cansada, pero con una gran calma espiritual, junto a Sebastián, con mi mano en la suya y la cabeza apoyada en su hombro. Fueron días de gran felicidad los que Dios nos regaló en Cöthen.

Pronto conocí una felicidad mayor. Me fue concedido el regalo de un hijo; esperaba a mi primogénito, y ésta es una época que ninguna mujer puede olvidar. Cuando pañales y mantillas se calentaban ya en el hogar, la anciana comadrona volvió a conducir a Sebastián a mi cuarto. Parecía un poco asustado, pero me dijo con voz alegre: «Mi buena y querida Magdalena, todas las mujeres de los Bach fueron madres alegres de niños felices. —Mas de pronto, con una voz completamente cambiada, murmuró, pasándome el brazo por la espalda—: ¡Pobre corderita mía, cómo siento que tengas que sufrir así!» Esas palabras y el tono cariñoso de su voz me consolaron hasta que nuestro primogénito acabó de nacer felizmente.

Tuvimos, en total, trece hijos. Gozábamos de la bendición de Dios, y esa bendición me hizo tan fructífera como la parra que trepaba por la pared de la casa de mi marido. ¡Y qué padre de familia era él! A mí me parecía que nunca era tan grande y digno como cuando estaba sentado a la cabecera de la mesa, al frente de sus hijos, con su favorito Friedemann al lado, mientras yo me sentaba al otro extremo de la mesa con el menor de nuestros hijos en mi regazo y le ayudaba a que acabase de echar los dientes haciéndole morder una corteza de pan.

Cierta severidad que con frecuencia extendíase sombría alrededor de él, desaparecía en absoluto cuando estábamos todos en casa; entonces se mostraba alegre y afectuoso, prestaba atención a todo lo que le contaban los chicos y ni la charla más insignificante del más pequeño le era indiferente. Todos le mostraban atención y respeto, como es deber en los hijos para con sus padres; pero la parte de temor infantil que había en su amor era mucho menor de lo que suele ser en la mayoría de los niños. Puedo afirmar que jamás levantó la mano contra uno de sus hijos. En cambio, yo recordaba que mi bondadoso padre, siendo yo pequeña, me había pegado varias veces. Nuestros conocidos solían decir que estropeábamos a nuestros hijos con tanta indulgencia, y yo misma me he preguntado muchas veces si los defectos de Friedemann se deben atribuir a esa falta de castigo; porque era un niño mucho más difícil de dirigir que los demás. Para los otros, bastaba que la voz de su padre se hiciese un poco más profunda o que frunciese ligeramente el ceño para restablecer el orden y la obediencia.

Una vez que Friedemann había mentido a su padre, Sebastián se quedó muy deprimido y, durante todo un día, no habló ni miró a Friedemann, que también andaba por la casa con cara de sufrimiento. Estábamos como rodeados por una nube sombría, y yo no podía respirar libremente al ver a Sebastián desgraciado. Cuando ya terminaba el día, encontré al muchacho echado de bruces en su cama y llorando amargamente.

—Friedemann —le dije, pensando, a pesar mío, en la parábola del hijo pródigo—, ¿por qué no vas a pedirle perdón a tu padre?

—¡Ay, madrecita! —me respondió el muchacho, llamándome así por primera vez—. ¡Tengo miedo!

—Ven conmigo —dije yo, contenta—. Iremos juntos.

Se levantó de la cama y, con la cara bañada en lágrimas, bajó conmigo al cuarto en que estaba Sebastián.

—Venimos a decirte que sentimos mucho... —empecé a decir.

Pero Friedemann ya estaba de rodillas ante su padre y escondía la cara en sus rodillas. Los tres lloramos un poco. Luego, Sebastián y yo nos miramos sonrientes a través de las lágrimas, y él levantó a su hijo y lo besó para borrar todo el enfado.

Pero, desgraciadamente ésa no fue la última vez que Friedemann hizo padecer a su padre. El muchacho estaba algunas veces muy sombrío y excitable y tenía una tendencia a la dilapidación, completamente opuesta al carácter de su padre, que manejaba el dinero con prudencia. Pero era un muchacho fuerte y brillante, de rápida comprensión y gran inteligencia. Su hermano Carlos Felipe Manuel, de cara redonda y ojos castaños, tenía un carácter completamente distinto. Era tenaz, de una aplicación férrea y casi tan buen músico como Friedemann, pero de carácter más sólido. Mas el corazón de Sebastián prefería, inconscientemente, a su primogénito, como pude notar muy pronto, a pesar de que era siempre justo y no se podía decir que tomase partido por ninguno en el trato con sus hijos.

Un padre tiene siempre cierta preferencia por su hijo mayor, y yo sentía como un pinchazo en el corazón al pensar que ninguno de mis hijos podría ser nunca el primogénito de Sebastián. Pero cuando vi que le ponían en los brazos a mi pequeña Cristina Sofía, me sentí lo suficientemente orgullosa y feliz para que desapareciesen todos los demás pensamientos. Como todos los Bach y como Lutero, a quien amaba y respetaba, estaba muy ligado a su familia y se encontraba satisfecho en compañía de sus hijos. Es verdad que a veces se ponía furioso cuando los chicos gritaban y corrían teniendo él la cabeza llena de música. Yo hacía lo que podía por tenerlos quietos, pero no siempre lo conseguía; entonces mi marido los regañaba, y ellos, temerosos, se sentaban y cuchicheaban con caras asustadas. Pero se enfadaba muy pocas veces, y yo me admiré a menudo cuando, rodeado de gritos infantiles, le veía componer música y escribir como si estuviera solo en el mundo. Y cuando uno de nuestros niños de pecho nos despertaba a media noche porque quería que lo acunasen o le diesen el pecho, no se impacientaba nunca. Únicamente me rogaba que cantase una canción religiosa, para que todos gozásemos de la canción de cuna. Me compuso una melodía nueva para la encantadora canción de Lutero *¡Oh dulce Niño Jesús, que naciste sobre paja!*, y, una vez que la aprendí de memoria, rompió el papel diciendo que la había escrito para mí y no quería oír aquella canción en otros labios. Ya que su deseo fue que esa canción muriese conmigo, no quiero escribirla, aunque me causa tristeza el pensar que tiene que desaparecer de este mundo cuando yo me vaya, pues es una melodía muy dulce. Cuando mi canción no acababa de tranquilizar al niño, lo solía coger él en brazos y lo mecía hasta que se quedaba dormido. He observado muchas veces que los niños de pecho se tranquilizan al momento en cuanto los coge un hombre en brazos. Creo que les produce una sensación de seguridad y se duermen más tranquilos apoyados en los brazos fuertes que los rodean, pues los hombres cogen a los niños de una manera distinta que las mujeres, porque temen que se les caigan. Y así como los niños manifestaban ostensiblemente su satisfacción, a mí también me gustaba verle con un niño en brazos, y casi se me saltaban las lágrimas cuando veía inclinarse aquella alma tan grande sobre una criaturita tan débil. Cuán tiernos eran sus sentimientos para la infancia lo demuestran las cariñosas palabras que escribió en la dedicatoria del primer ejemplar de los *Ejercicios para clavicordio,* que depositó en la cuna del heredero del duque de Anhalt-Cöthen.

Sebastián tenía algo muy paternal en su modo de ser, pensaba constantemente en sus hijos, trabajaba para ellos y para su educación y estaba más orgulloso de sus progresos que de los propios. A mí me trataba también, a veces, como un padre tierno a su hijo; y ¡qué refugio fue para mí en la gran pena que me produjo la muerte de mi primera hija! ¡Cómo sufrió al tener que cerrar aquellos ojitos azules, bajo los cabellos rubios! Pero, a pesar de su pena, pensaba sólo en mí, y cuando vuelvo a recordar aquellos momentos en que conocí por primera vez el verdadero dolor, tengo la sensación de que le quise, si esto era posible, más que antes.

En Cöthen sólo nació la pequeña Cristina Sofía; todos los demás vinieron al mundo en Leipzig; de modo que tengo que volver a retroceder en mi narración. Como ya he dicho, pasamos aproximadamente un año en Cöthen después de nuestra boda. Sebastián comprendió que el interés de su príncipe se había apartado de la música, y no juzgó posible seguir siendo su director de orquesta. Desde el principio, la corte de Cöthen no le había ofrecido las posibilidades que tan profundamente deseaba, pues estaba alejado de toda clase de música religiosa. Su misión consistía en organizar conciertos de música de cámara, y allí fue donde inventó, e hizo construir, un instrumento para cubrir un hueco que había en los instrumentos de cuerda y al que dio el nombre de «viola pomposa». Era un instrumento de cinco cuerdas, intermedio entre el violín y el violoncelo, e inmediatamente compuso una *suite* para el nuevo instrumento. Mi marido tocaba el violín y la viola; el violín lo había aprendido con su padre, Ambrosio Bach, a quien yo no conocí, pero cuyo retrato ocupaba el sitio de honor en nuestro gabinete. Durante muchos años había sido Sebastián primer violín en la orquesta del duque de Weimar; pero cuando tocaba en casa para su satisfacción personal, elegía la viola. Allí se encontraba, como solía decir, en el punto central de las armonías y podía ver con más facilidad, o, mejor dicho, oír lo que sucedía a derecha e izquierda.

En Cöthen compuso, como era de esperar del cargo

que ocupaba, gran cantidad de música para instrumentos de cuerda y, sobre todo, escribió una colección de piezas para clavicordio, que todos los músicos serios que las conocieron apreciaron muchísimo; una colección de veinticinco preludios y fugas, a la que llamó *El clave bien temperado* y que había escrito «para utilidad y uso de la juventud deseosa de aprender, así como para distracción de los que estén ya bastante avanzados en este estudio». Pero había que estar ya muy adelantado para tocar aquellas piezas como distracción, pues algunas de ellas son extremadamente difíciles de ejecutar y requieren un ejercicio constante y un espíritu inteligente y juvenil. Pero muchos de los alumnos de Sebastián me confesaron que experimentaban un placer creciente y una satisfacción íntima, conforme iban penetrando en los secretos de esos preludios y fugas, cuanto más y más fielmente los estudiaban. Yo, cuya técnica superaban la mayoría de ellos, sentía un placer indecible cuando se las oía tocar a Sebastián. ¡Qué precipitada carrera la de las notas bajo sus dedos! —le gustaba un tiempo muy rápido en alguno de los preludios—, ¡qué maravillosa mezcla de las diversas voces en las fugas, en las que cada voz aparece tan clara y personal y, sin embargo, todas ligadas indisolublemente...! ¡Ah, nadie ha vuelto a expresar con tanta claridad la música de contrapunto! Yo le suplicaba, en cuanto él tenía unos minutos libres, que tocase para mí un preludio y una fuga o dos, si era posible.

—Vas a hacer de mí un músico mal templado si no me dejas en paz con el *Clave bien templado* —me dijo una vez bromeando, pasándome el brazo por la cintura y estando él sentado al clave, junto al que yo me había colocado; y empezó a tocar una fuga con la mano derecha. Cuando llegó la segunda voz no quiso soltarme y empezó a tocar con la mano izquierda, conservándome en el arco que formaba su brazo. Cuando me soltó al sonar el último acorde, exclamó riéndose—: Te ha pasado esto por ser tan golosa de fugas.

¡Qué felicidad era ser la esposa de Bach para una mujer golosa de fugas! Sin embargo, debo confesar que no sentía la misma avidez por las fugas de todos los compositores; había algunas que me parecían secas y poco musicales. Pero las de Sebastián eran siempre frescas, chisporroteantes y alegres como el agua corriente, o solemnes, como el «preludio y la fuga en *mi* bemol menor».

En aquella época, el destino de Sebastián lo apartó de Cöthen y de la música de cámara, para llevarlo a Leipzig, donde pasó los últimos veintisiete años de su vida y compuso la mayor parte de su música religiosa.

El viejo cantor de la escuela de Santo Tomás, de Leipzig, acababa de morir, y una de las razones que impulsó a Sebastián a solicitar esa plaza, además del desvío por la música de su príncipe, fue la consideración de que Leipzig ofrecía mejores posibilidades para la educación de sus hijos, que ya iban siendo mayorcitos. Para él, esa plaza tenía varias desventajas, como lo explica claramente en una carta que, poco tiempo después de establecerse en Leipzig, escribió a su amigo Jorge Erdmann, que había estado con él en la escuela del convento de Luneburgo y que, a la sazón, se hallaba en Rusia. Me leyó en voz alta las partes más importantes de esa carta, pues, como de casi todas las cosas, me informaba también de su correspondencia, y asimismo yo le pedía su aprobación antes de enviar la mía. En la citada misiva al señor Erdmann explicaba las razones que le habían inducido a marcharse de Cöthen, donde había esperado pasar el resto de su vida, y le contaba que, al principio, no le agradaba la idea de ser cantor de la escuela de Santo Tomás, después de haber sido director de orquesta de la corte de Cöthen; pero que, tras un trimestre de meditación, había visto las ventajas que representaba para sus hijos aquel cambio y se había decidido a aceptar el traslado en el santo nombre de Dios.

De cómo Sebastián, al llegar a Leipzig, pasó con su novia-esposa en brazos el umbral de la casa del cantor; de cómo llegó a ser el maestro del órgano y el célebre Bach; de cómo compuso las cantatas y los motetes; de cómo, a pesar de ser cruelmente martirizado en la escuela de canto, laboró infatigablemente en la paz de su hogar.

Es siempre una cosa extraña el trasladarse a otro lugar y cobijarse bajo un nuevo techo. ¡Cómo preocupa lo que deparará el destino entre las nuevas paredes! A partir de entonces, la casa del cantor de Leipzig guardaba para nosotros la vida y la muerte: el nacimiento de muchos hijos, la muerte de algunos y, por último, la de Sebastián, que dejó el mundo vacío y triste para nosotros.

Cuando llegamos a Leipzig en la última semana de mayo de 1723, con todos nuestros bienes y nuestra joven familia, al detenernos ante la casa del cantor, saltó Sebastián del coche y quiso pasar conmigo en brazos el umbral, siguiendo la vieja costumbre alemana. «¡Si bien se mira, no eres más que mi novia!», me dijo dándome un beso al pasar por la puerta. Y detrás de nosotros entraba su hermosa hija Dorotea llevando en brazos a mi pequeña Cristina. Sebastián sorprendió mi mirada a la mena. «¡Bah! —exclamó con su sonrisa bondadosa—. ¡Seguirías siendo mi novia aunque tuviese veinte hijos!» Y doy gracias a Dios porque en los treinta años que duró nuestro matrimonio no sólo fue un buen marido, sino también un amante cariñoso. No parecía advertir que yo envejecía, que mis mejillas iban teniendo arrugas y que me salían hebras de plata en los cabellos. Únicamente una vez me dijo: «Tu cabello rubio fue para mí, muchos años, un rayo de sol; ahora, con sus hebras de plata, será mi rayo de luna. Es una luz más preferible para la clase de enamorados que nosotros somos.»

Por tanto, no es de extrañar que le quisiera cada vez con más ardor y que recogiese en mi corazón todas sus palabras y sus miradas, como un tesoro que crecía sin cesar. Como Gaspar me lo hacía notar, no he olvidado casi nada de lo referente a Sebastián. Con frecuencia, las cosas más pequeñas son las que más claramente quedan grabadas en la memoria de una mujer enamorada, y a eso se debe atribuir que mi último pensamiento respecto a él no sea el del día de nuestra boda o el del nacimiento de nuestro primer hijo, sino el momento en que tocó una fuga sin dejar de abrazarme o el beso que me dio al pasar el umbral de la casa del cantor de Leipzig.

Esta casa formaba parte de la Escuela de Santo Tomás, construida a uno de sus lados, y tenía dos pisos. Era muy bonita y cómoda, pero, al cabo de ocho años, en los que nuestra familia había crecido de una manera considerable, se vio que era demasiado pequeña, y tuvimos que trasladarnos provisionalmente a la casa del molino, mientras a la nuestra le añadían un piso. Esta ampliación, además de unos cuantos dormitorios más, nos deparó un amplio salón de música, muy alegre, desde el que un gran pasillo conducía a la espaciosa sala de clases de la Escuela de Santo Tomás, y esta disposición era para Sebastián muy cómoda y agradable.

Antes de que Sebastián fuese investido oficialmente de su título de cantor, tuvo que presentarse al Consejo de Leipzig y jurar que cumpliría su cometido con aplicación y fidelidad. También tuvo que prometer que cumpliría las cláusulas de su largo contrato, del cual copio algunos trozos porque es uno de los documentos más importantes en la vida de Sebastián. Tuvo que prometer:

1.º Servir de ejemplo a los alumnos, con una vida y un comportamiento honorables; acudir con puntualidad a la escuela y enseñar concienzudamente a los muchachos.

2.º Tratar de mejorar la música religiosa en las dos iglesias principales de esta ciudad, poniendo para ello todos los medios a mi alcance.

5.º No admitir en la escuela a muchachos que no tengan ya una base de conocimientos musicales o las aptitudes necesarias para aprovechar la instrucción musical, y tampoco aceptarlos sin el consentimiento y aprobación de los señores inspectores y directores.

6.º A fin de evitar a las iglesias gastos inútiles, enseñar a los chicos no solamente música vocal, sino también instrumental.

7.º Para no interrumpir el orden en la iglesia, que la parte musical no sea demasiado larga ni tenga un carácter teatral, sino hacerla propia para estimular la devoción de los fieles.

9.º Tratar a los alumnos con precaución y amabilidad y, en caso de desobediencia, castigarlos con moderación y comunicárselo a quien corresponda.

10.º Cumplir fielmente mis deberes de enseñar en la escuela, y todos los demás que me pudieran corresponder.

11.º Y si no pudiese cumplirlos personalmente, procurar ser reemplazado por persona competente, sin originar gastos suplementarios al Consejo o a la Escuela.

12.º No salir de la ciudad sin permiso del señor burgomaestre.

Es fácil deducir de este documento que Sebastián tenía que hacer los sacrificios de su libertad personal y de su jerarquía al transformarse, de director de orquesta de la corte de Cöthen, en cantor de la Escuela de Santo Tomás de Leipzig. Pero había meditado bien el asunto previamente y, tomada la resolución, no tenía por qué quejarse.

En la mañana del lunes 31 de mayo de 1723 fue investido de sus facultades de cantor de la Escuela de Santo Tomás y, con ese acto, empezó su larga y fructífera vida en Leipzig. Tenía que hacer muchas cosas que no estaban a la altura de su genio, como, por ejemplo, enseñar el latín a los alumnos de la Escuela de Santo Tomás; pero todas estas contrariedades las olvidaba con la alegría de volver a tener a su disposición un órgano poderoso. Apenas llevábamos una hora en nuestra nueva casa y todavía faltaba por hacer hasta lo más necesario para que durmiéramos aquella noche, cuando se me acercó apresuradamente y me dijo: «¡Ven, Magdalena, te voy a enseñar el nuevo órgano!» Yo no había estado antes en Leipzig, pues por causa de los niños pequeños no podía moverme de Cöthen, y corría por la casa, de arriba abajo, para ver cómo podía instalarlos a todos lo más cómodamente posible, cuando mi buen marido quiso llevarme a ver su órgano. Estaba segura —que el cielo me perdone este pensamiento mundano— de no volver a mis trabajos caseros en mucho rato si se le ocurría tocar algo en el nuevo instrumento. Por eso vacilé un instante; pero él, impaciente, ya me había cogido de la mano: «¡Ven, ven; la iglesia está aquí al lado!» No tuve más remedio que seguirle, y me senté en un banco junto a él; inmediatamente hizo funcionar todos los registros y llenó el ambiente con su música divina. Yo no pensaba ya en las camas sin hacer o en los muebles que tenía revueltos por la casa.

¡Qué bien había de conocer con el tiempo aquella iglesia de Santo Tomás, y qué cantidad de música sublime había de hacer allí su cantor! En realidad, en la iglesia había dos órganos. Uno pequeño, encima del coro, muy viejo, puesto que había sido construido en 1489, y el gran órgano en que estaba tocando Sebastián, revisado y reparado dos años antes. Pero el más hermoso de los órganos era el de la iglesia de la universidad, con sus doce registros en el teclado inferior y catorce en el recitativo. En ese órgano prefería Sebastián tocar cuando lo hacía para él o para sus alumnos y amigos. Era nuevo y había sido acabado de montar mientras Sebastián estaba en Cöthen. En aquella época le habían invitado a que examinase el órgano y diese un informe sobre él, y así lo hizo, sin sospechar que, más tarde, sus manos habían de pasar por sus teclados con tanta frecuencia. En su informe había dicho que el manejo del órgano era algo difícil, porque las teclas tenían una caída demasiado grande y los tubos de las notas bajas sonaban con cierta dureza y no con el tono firme y rotundo que a él le gustaba. Pero cuando él tocaba el órgano, no se notaba nada de eso. Sabía ejecutar con tal habilidad y suavidad, aun en los instrumentos más viejos, que parecía que los órganos correspondían a su cariño, a juzgar por la facilidad con que daban todo lo que podían y, bajo sus manos maravillosas, renovaban el encanto de su juventud y producían sus mejores y más dulces notas.

Nuestra vida en Leipzig se regía por las reglas de la Escuela de Santo Tomás. Sebastián no podía salir de la ciudad sin haber pedido permiso previamente al burgomaestre. Al principio echaba de menos la gran libertad que habíamos disfrutado en Cöthen. Allí no teníamos que regirnos por los deseos del príncipe, que siempre era tan atento. Además, lo confieso, yo sentía temor ante las señoras de Leipzig y ante el anciano y sabio rector de la escuela. El cantor, por su jerarquía, venía inmediatamente después del rector y del vicerrector de la Escuela de Santo Tomás, y, con el profesor de latín, era una de las cuatro personas más importantes de aquel establecimiento. Sebastián, por su cargo de cantor, les tenía que dar a los chicos lecciones de canto y de latín. A pesar de que era un buen latinista, no tenía costumbre de dar clases de ese idioma. Más tarde prefirió pagar cincuenta táleros al año a uno de sus compañeros para que se hiciese cargo de esa obligación suya. No nos era fácil desprendernos de esa cantidad, pero yo la daba por bien empleada, porque las clases de latín producían a Sebastián gran irritación e intranquilidad. Además, eran muchos los maestros que podían dar lección de latín; y, en cambio, nadie podía escribir los preludios para órgano de Sebastián, o sus cánticos de Navidad.

Aparte las clases y ciertas horas de vigilancia, el cantor tenía la obligación de llevar a los chicos a la iglesia todos los jueves por la mañana, para ensayar la música religiosa de los oficios dominicales. El sábado se verificaba otro ensayo, y también tenía la obligación de preparar y ensayar la música para las procesiones de San Miguel, Año Nuevo, San Martín y San Gregorio. Además, todos los domingos había que ejecutar una cantata o un motete en la iglesia de Santo Tomás o en la de San Nicolás, de los que él era responsable. También tenía la obligación de elegir la música para las iglesias de San Juan y de San Pablo, y de preocuparse de que sus órganos estuviesen en regla. Como se ve, estaba muy ocupado y, a pesar de que no era organista oficial de ninguna de esas iglesias, nadie que conozca a Sebastián dudará de que ocupaba el lugar del organista cuantas veces podía, lo cual le recompensaba de las cargas y los trabajos de toda la semana.

A medida que se le iba conociendo en Leipzig y sus alrededores, sucedía con mucha frecuencia que venía gente a llamar a nuestra puerta y preguntaba si el señor cantor tendría tiempo libre para tocarles algo en el órgano. Sebastián accedía con gusto a tales ruegos, cuando creía que se los hacían por verdadero amor a la música y no por pueriles causas de curiosidad. Una vez abrió él mismo la puerta a uno de esos peticionarios. Tratábase de un señor muy alto, en el que fácilmente se conocía que era inglés. Era un gran admirador de la música de órgano y venía de Hamburgo, a donde había ido a arreglar unos negocios y donde había oído hablar de la fama de Sebastián. Era tan extraordinariamente correcto y amable, que Sebastián le cobró afecto desde el primer momento, y no solamente le dio un concierto de unas dos horas, sino que, además, lo trajo a casa a comer. Yo me quedé un poco turbada, pues no me había prevenido y miraba al forastero, que seguramente estaba acostumbrado a una alimentación más fina que nuestra sencilla comida casera. Pero pareció comer con agrado todo cuanto le ofrecimos, y cuando, después de comer, hubo fumado una pipa con Sebastián, le invitó con palabras amables y seductoras a que se sentase al clavicordio, donde mi marido improvisó una música encantadora, que escribió después y a la que llamábamos la «*suite* inglesa», en recuerdo de nuestro visitante y porque, después, la empleó Sebastián combinada con algunos ritmos de un libro de música de Carlos Dieupart, que vivía en Inglaterra y era amigo del señor que nos había visitado, a quien mi marido envió esas composiciones. No volvimos a ver a aquel extranjero, pero le envió a Sebastián un hermoso paquete con libros y composiciones musicales, entre las que se encontraban las *suites* de Dieupart y algunas obras de Haendel, «como homenaje —escribía— al mejor maestro de órgano». Todo lo que contó de Haendel aquel señor extranjero interesó mucho a Sebastián. A mí me había parecido incomprensible que alguien pudiera salir voluntariamente de nuestra hermosa Sajonia para marcharse a unas islas tan sombrías; pero ya sé que Inglaterra es una nación muy rica y que Haendel ganó mucho dinero. El inglés había oído tocar el órgano muchas veces a Haendel, en la catedral de San Pablo, lo cual sabía hacer con gran maestría; por eso había tenido tantos deseos de oír en Alemania al único hombre capaz de medirse con el sajón, que es como llamaban a Haendel en Londres. Pero, después de haber oído a Sebastián, se dirigió a mí y, haciendo una reverencia, me dijo: «Si me lo permitís, señora, os diré que, en todo el mundo, entre todos los organistas de fama, y he oído a casi todos, ninguno iguala a vuestro marido.» Yo le devolví la reverencia y le contesté: «Ya lo sé, señor», al oír lo cual, Sebastián soltó una carcajada. «Si conocierais mejor a mi mujer, señor, comprenderíais bien pronto que es incapaz de formar un juicio crítico con respecto a mí. Me considera como el mejor músico de Europa. ¿Verdad, Magdalena?» Y, al decir esto, me daba unos golpecitos en el hombro. Yo estaba sentada en un banquillo, a sus pies, como tenía costumbre de hacerlo para hablar con él. El inglés sonrióse y replicó: «¡Muy bien! Desgraciadamente, no a todos los grandes maestros se les reconocen sus méritos en su propia casa.» A lo que contestó Sebastián: «¿Y de quién es la culpa, sino de ellos mismos? Deberían haber escogido sus esposas con más cuidado.»

Esta visita del inglés fue la vanguardia de una nube de visitantes que había de venir a vernos más tarde, sobre todo en los últimos años de la vida de Sebastián. Casi todos los aficionados a la música que pasaban por la ciudad venían a visitarnos, porque Sebastián era muy hospitalario y muy bondadoso con todos los que suponía que se interesaban por la música. Ya el primer año, su puesto de cantor nos puso en relación con mucha más gente que la que tratábamos en Cöthen. Y como yo estaba orgullosa de ser la mujer de Sebastián Bach, me preocupaba de que nuestra casa dejase buena impresión en los visitantes, por su limpieza y arreglo, y ponía flores en los jarrones cuando sabía que íbamos a recibir una visita. Teníamos una buena sillería tapizada de cuero negro, y una pareja de candelabros de plata grandes y otra de pequeños, así como otros seis candelabros de forma muy bonita, de metal amarillo mate. Mis padres me habían regalado, al casarme, un hermoso armario ricamente tallado, en el que guardaba la ropa blanca que había aportado al matrimonio. Pero lo que yo prefería, de todo lo que teníamos en casa, era el retrato de Sebastián, que se había hecho, a mi ruego, en la época de nuestra boda. El retrato estaba muy bien pintado. Toda la gravedad, atención y seriedad de su mirada se expresaba a la perfección. Los ojos miraban como cuando pensaba, como cuando miraba a la gente o, mejor dicho, a través de la gente, sin darse cuenta de su presencia. Al principio, esa expresión me había asustado un poco; pero pronto reconocí que era la voz de la música, al elevarse en su alma, la que le daba esa expresión lejana. El pintor había dibujado también con mucha exactitud la línea de las cejas y la curva de la boca, que era tan sensible y que se alzaba en las comisuras cuando se reía, con lo que apartaba de mí los temores que había despertado con su mirada. Tenía aspecto de hombre enérgico, y a ello contribuía su mentón avanzado. Sus dientes coincidían exactamente, mientras que los de la mayoría de las personas están de tal forma, que los dientes de la mandíbula inferior, al cerrarse, quedan detrás de los de la superior. Esta particularidad hacía que su cara tuviese un aspecto diferente del de la mayoría de los hombres, y esa expresión de energía hacía que quien se le acercaba por primera vez, al mirarle el rostro, vacilase un momento.

El retrato era el orgullo de mi gabinete, y un día que estaba quitándole el polvo al marco de ese tesoro mío entró Sebastián y me dijo, bromeando:

—Me gustaría tener, para adorno de nuestro gabinete, algo más bonito que ese retrato.

—¡De ninguna manera! —exclamé con mucho celo, sin pensar en el doble sentido de sus palabras. Desde el principio de nuestra vida en común, Sebastián se divertía mucho cuando podía gastarme una broma, y bien sabe Dios que lo conseguía con frecuencia.

—Yo nunca me he tenido por un hombre hermoso —dijo sonriéndose, y me tiró de una oreja—; pero conozco a alguien que lo es, y estoy decidido a poner ahí tu retrato para contemplarlo, como tú haces con el de tu hermoso cantor.

Y tuvo la bondad de hacer pintar al óleo mi retrato a un pintor italiano llamado Christofori. Mi marido venía mientras estaba pintando, generalmente desde la Escuela de Santo Tomás, para observar los progresos del retrato, y solía decir: «No, el color de las mejillas no está bien.» O: «No encuentro bien la curva del mentón.» Hasta que un día el pintor se impacientó y le dijo:

—Señor Bach, yo no me atrevería a enseñaros cómo se compone una cantata; por tanto, ya que me habéis confiado el encargo de pintar a vuestra señora, dejadme hacerlo a mi manera.

Sebastián se sonrió con expresión de bondad:

—Así lo debéis hacer —le contestó—, pero es que vos no conocéis el rostro de la señora del cantor tan bien como yo.

Sebastián quedó muy satisfecho cuando el retrato estuvo terminado, y pronto apareció colgado en la pared, junto al suyo, lo cual, al principio, más bien me avergonzaba que me alegraba; pues en aquella época eran pocas las mujeres de nuestra situación que habían sido pintadas, y a mí me parecía una extravagancia. Pero cada vez iba siendo más feliz ante aquella prueba de que el cantor Bach estaba contento de su mujer, y me sentía orgullosa al ver a la joven *Frau Cantor Bach* colgando, sonriente, al lado de su marido.

Como nueva prueba de su bondad y de su amor me regaló en aquella época un nuevo cuaderno de música. Estaba también encuadernado en verde, y en la cubierta había caligrafiado él mismo con oro y tinta china mi nombre y la fecha 1725. Me dijo que lo habíamos de llenar entre los dos; yo copiaría en él las piezas musicales que más me gustasen, y él escribiría piezas compuestas exclusivamente para mí. Durante aquel tiempo, gracias a sus bondadosas y pacientes enseñanzas, yo había avanzado bastante en mis conocimientos de pianista y era mucho más hábil que cuando me regaló el primer cuadernito de música. Algunas veces, al final de la jornada, cuando tenía un momento libre y estaba de buen humor, se acercaba una vela, cogía la pluma de ánsar y decía: «Vete a buscar el librito verde, Magdalena; me parece que sólo tienes en él música vieja, que ya estarás aburrida de tocar. Te voy a escribir algo nuevo.»

Yo corría a buscar el cuaderno pensando en que iba a contener un nuevo tesoro. ¡Qué hermosas eran las largas noches de otoño e invierno, cuando los niños descansaban ya, bien abrigados en sus camas, y Sebastián y yo escribíamos música juntos! Siempre teníamos trabajo, pues copiábamos entre los dos todas las cantatas dominicales. Entre ambos había dos velas y trabajábamos silenciosos y felices, uno al lado del otro. Yo guardaba el mayor silencio que podía; porque con frecuencia, cuando él copiaba las voces de una cantata, con su bella y ligera mano (su escritura tenía siempre para mí una expresión viva y apasionada), o cuando copiaba para nosotros música de Buxterhude o de Haendel (al que admiraba mucho, aunque a mí me parecía que sus composiciones no tenían la grandeza de las de Sebastián), o cuando componía algo sencillo para uno de sus alumnos, le llegaba de pronto la inspiración y cogía una de las hojas en blanco de papel de música, que yo colocaba siempre a su lado, y derramaba sobre ella la corriente inagotable de armonía que fluía de su cabeza.

Mi librito recibió en esa forma algunos corales y cantatas, y una de estas últimas me conmovió de tal modo, que, al principio, no podía cantarla porque me temblaba la voz:

Teniéndote yo a mi lado
iré con sumo placer
a la muerte y al descanso.
¡Y cuán alegre
mi fin será,
si esas tus manos
mis ojos cierran!

¡Ah! ¡Sebastián, qué bueno eras! ¡Y cómo me querías!

También solía decir con frecuencia que no podía escribir una canción de amor si no era para mí.

—¿Ves? —me dijo un día, sentándome en sus rodillas—. Mi querida mujercita me impide escribir todas esas bellas canciones en las que se suspira por la amante lejana y esas baladas que hacen llorar a las damas de la corte... ¿Cómo va a escribir el feliz cantor canciones de añoranza, si tiene a su mujercita sentada en sus rodillas? Tengo que retroceder con la imaginación a la épica en que te conocí y figurarme que tus padres se niegan a dar su consentimiento para nuestro matrimonio, pues llevo en la cabeza una melodía que requiere dos o tres versos algo tristes.

Al día siguiente me trajo una canción, una canción de una dulzura indescriptible, que canté al momento y cuya letra era la siguiente:

Si tu corazón me entregas,
hazlo en secreto,
que nadie descubrir pueda
tu pensamiento.
Nuestro amor siempre ha de ser
amor secreto.
Así, pues, no dejes ver
un gran contento.

No exijas una mirada
a este mi amor,
que es la envidia muy malvada
con nuestra unión.
Cierra tu pecho y reprime
tu gran deseo;
y el placer de que gozamos
siga secreto.

Al pensar en mi situación privilegiada, siento en el corazón un peso agradable, y es que llevo en él toda la música que escribió Sebastián desde nuestra boda hasta su muerte, que tiene para mí un valor que no puede tener para nadie. Yo la vi venir al mundo, yo la leí antes de que la viese ninguna mirada humana, y Sebastián me hablaba de ella y me explicaba lo que yo no era capaz de comprender. ¡Cuántas veces estaba en el cuarto junto a él, cosiendo en silencio o remendando alguna prenda, mientras él, con una rapidez como si le dictase Dios, escribía notas y más notas con la pluma de ánsar, hasta que, de pronto, levantaba la vista y, tendiéndome la mano, me decía: «¡Ven aquí, Magdalena!», y me enseñaba lo que había escrito. Alguna vez, aunque no con frecuencia, el manantial no quería fluir. Entonces escribía aproximadamente una docena de compases, se le escapaba un grito gutural de disgusto y tachaba con la pluma lo que acababa de escribir. Luego apoyaba la cabeza en las manos y se quedaba inmóvil y silencioso, a veces bastante rato y generalmente un par de minutos. De pronto levantaba la cabeza y exclamaba, sonriente, dirigiéndose a mí: «¡Naturalmente, así debe ser!», y volvía a escribir de nuevo.

Cuando Friedemann tuvo más edad y se fue haciendo un buen músico, mientras mis manos iban teniendo cada vez más trabajo en la casa, tuve que ir cediéndole algunos de mis privilegios tan queridos, y él fue el compañero musical más íntimo de su padre. Pero yo seguía trabajando con Sebastián lo suficiente para no poder quejarme, y él continuó en su costumbre de no escribir un solo compás sin enseñármelo y de comunicarme todas sus ideas. Así tiene una base firme mi sensación de que soy una mujer favorecida entre todas las de este mundo, por haber podido vivir tan íntimamente ligada a un genio maravilloso y por haber visto nacer su música perfecta. No quiero decir con esto que yo comprendiese inmediatamente y hasta el último detalle sus obras; para ello hubiera tenido que ser tan genial como él; pero todos los años que con él pasé, todas las lecciones que me dio directa o indirectamente, todas nuestras conversaciones y meditaciones, que siempre se referían a la música, unidas a mi natural amor a ese arte, habían producido en mí la facultad de comprensión necesaria para la música genial que Sebastián componía sin cesar. Ahora que ha desaparecido, los hombres lo han olvidado, su música se oye rara vez y, en estos tiempos, más que en él se piensa en sus hijos Friedemann y Manuel; pero no puedo creer que eso siga siendo siempre así. Su música es completamente distinta de la de ellos, según mi impresión; con su música se penetra en otro mundo más alegre y sobrenatural, en el que ya no pesan las preocupaciones y pensamientos de este mundo. En su corazón estaba el núcleo de la paz y de la belleza. Y cuando caía sobre mí, como ocurría con frecuencia, el peso excesivo de las preocupaciones de la casa, el exceso de hijos y el corto número de táleros, las mil cosas que había que hacer y cuidar, el constante amasar, lavar, tejer y remendar, no necesitaba más que tomarme un rato de libertad para oírle tocar el órgano o ejecutar una de sus cantatas o motetes, y ya estaba yo también allí..., quiero decir, en su corazón, en el núcleo de la belleza y de la paz. Únicamente su música ejercía en mí ese efecto maravilloso. La música de Haendel o la de Pachelbel es también hermosa y maravillosa, pero viene de otra tierra que la de mi Sebastián. Tal vez yo lo sienta así porque amo a Sebastián; mas, aun haciendo abstracción de su persona, hay una diferencia (que no puedo describir, pero que realmente existe) entre su música y la de cualquier otro.

Nuestros primeros años en Leipzig no siempre fueron fáciles. La situación musical de la escuela y de la iglesia de Santo Tomás era muy mala. Era muy difícil incitar a los señores del Consejo a introducir innovaciones, y, cuando se hacía muy necesario algún cambio, Sebastián tropezaba con su resistencia o su indiferencia. Cuando, después de una de esas discusiones, regresaba a casa, venía silencioso, se dejaba caer en su sillón, me sentaba en sus rodillas, apoyaba la mejilla en mi hombro y decía:

—Mejor es tener la paz en casa y las tormentas fuera que lo contrario, ¿verdad, Magdalena?

Pero muchas veces estaba muy irritado y me daba mucha pena ver como su alma, que tanta calma necesitaba para su trabajo, se revolvía contra las groserías de los chiquillos de la escuela y como se sentía impedido en su producción maravillosa sólo porque la administración se negaba a reponer los instrumentos rotos o deteriorados.

También debía de deprimirle con frecuencia el ver que todo el mundo demostraba mucho más interés por la ópera que por la música sagrada y que le quitaban sus mejores cantantes para la Asociación de Música y no le dejaban más que un par de chiquillos mal educados e indisciplinados para su coro, cuyas voces, a fuerza de tanto cantar al aire libre y con cualquier tiempo, estaban estropeadas. Pero, como ya he dicho, Sebastián tenía una buena porción de la tenacidad de los Bach, y, aunque se veía contrariado, no cesaba en la lucha por la buena música y por sus derechos de cantor en la Escuela de Santo Tomás. Las circunstancias eran verdaderamente difíciles para él, sobre todo al principio. No había dormitorios suficientes para los muchachos, que tenían que dormir amontonados y sufrieron varias enfermedades contagiosas, producidas probablemente por tener que vivir tan apretados. En tales circunstancias, yo no podía menos de temblar por mis hijos, y también por Sebastián, que tantas horas pasaba entre los alumnos, y no se me ocurría otra cosa que preparar un remedio casero antiguo, una bebida tonificante del corazón y el estómago, que me había enseñado a preparar mi tía de Hamburgo, muy práctica en esas cosas de medicina, y tener las ventanas de nuestra habitación herméticamente cerradas para que no entrase en ella el aire apestado.

Por este procedimiento conseguí evitarme y evitar a los míos toda enfermedad grave.

La clase inferior de la Escuela de Santo Tomás estaba formada por chicos extraordinariamente rudos e indisciplinados, que algunas veces iban descalzos y dando gritos por las calles de la ciudad y cometían toda clase de diabluras, sobre todo durante las ferias de Pascua, San Miguel y Año Nuevo, épocas en las que tenían ocho días de vacaciones y la ciudad estaba llena de comerciantes y de vagabundos de todas clases.

Siempre, después de terminadas esas ferias, sentía como un alivio, a pesar de que, como todas las mujeres de la ciudad, las aprovechaba para hacer las compras necesarias para la casa. De cada una de esas ferias venía también mi querido Sebastián con un libro nuevo bajo el brazo y lo colocaba en la biblioteca, que tanto quería y a la que dedicaba todos los momentos libres. Así había ido adquiriendo, poco a poco, todas las obras de Lutero.

Los chicos, naturalmente, se alegraban mucho de que llegase la feria, y yo tenía buen trabajo para que los más pequeños no se me perdiesen en la aglomeración y para que los mayores, con sus trompetas de madera roja, en las que soplaban durante todo el día, no martirizasen demasiado los oídos de su padre. Y no es que los sonidos desentonados de las queridas trompetas de sus hijos le resultasen más desagradables que las voces roncas de los chicos del coro, cuyo sonido se estropeaba antes de que hubiesen aprendido a cantar. ¿Cómo iban a cuidar sus voces, si tenían que cantar de noche, en aquella atmósfera húmeda y entre el humo de las antorchas con que se alumbraban? Eso sin hablar de las cantatas al aire libre, con viento y lluvia, en bodas importantes y en entierros, en los que la presencia de su cantor les obligaba a comportarse con cierta corrección, pero, al tener que cantar con nieve o lluvia, se les estropeaba la voz, que ya no podía recuperar su suavidad y elasticidad. Algunas veces estaba todo el coro tan ronco, que Sebastián, desesperado, decía que lo mismo sería pretender enseñar a cantar a una bandada de cuervos. Cuando se piensa en las cantatas y motetes de Sebastián es fácil concebir lo amargo que tenía que serle no poder disponer más que de aquellas voces tan rudas para ejecutarlas. Había un punto en el que principalmente difería de la opinión de los directores de la escuela, y esa opinión era que, después de la glorificación de Dios, el principal objeto de la música era estimular la digestión de los alumnos. El señor Gesner había fijado las horas de ejercicio de canto para inmediatamente después de la comida, probablemente con la idea de que esa clase de ejercicio corporal es muy sano después de comer, hecho que prueba lo bajo que había caído, en la Escuela de Santo Tomás, el concepto de la música. En efecto, era muy cierto lo que hacía tiempo había dicho el rector Ernesti: que «en el *Chorus musicus* existían muchas más cosas estremecedoras que cosas que hiciesen esperar nada agradable». Cuando Sebastián llevaba ya algunos años en su puesto de cantor, se le presentó la necesidad de dirigir una memoria a la administración de la Escuela de Santo Tomás sobre el estado de la música en la misma. Insistía en ese documento en la necesidad de disponer, en cada uno de los coros de las tres iglesias principales: Santo Tomás, San Nicolás y la Iglesia Nueva, como mínimo, de tres sopranos, tres contraltos, tres tenores y tres bajos, de modo que, aunque faltase alguno, lo cual en la época de mal tiempo sucedía con frecuencia, como se podía comprobar por las recetas que enviaban las farmacias a la escuela, se pudiese ejecutar un motete con dos cantantes de cada voz por lo menos. En cuanto a los ejecutantes de la orquesta, aseguraba que su modestia le impedía hablar de sus cualidades, pero sólo quería decir que parte de ellos no estaban suficientemente instruidos en el arte musical, y que otros eran completamente incapaces. «Se ha de tener en consideración —seguía escribiendo— que la antigua costumbre de admitir chicos que no tienen vocación ni talento musical ha hecho descender, naturalmente, el nivel del rendimiento en ese arte. Es fácil de comprender que un muchacho tan poco musical que es incapaz de cantar una segunda voz, jamás aprenderá a tocar nada en ningún instrumento. Tampoco los que, al venir a la escuela, han aprendido ya algunos principios de música, pueden ser útiles tan pronto como sería de desear, pues necesitarían un año de instrucción para ello. Y ahora se les mete en el coro tan rudos como llegan, y cuando, al fin de curso, salen de la escuela algunos de los más avanzados, queda en ella una mayoría con instrucción insuficiente, o sin ella en absoluto, y el valor del coro baja. Ya es sabido que mis predecesores, los señores Schelle y Kuhnau, necesitaban recurrir a la ayuda de estudiantes cuando querían organizar un concierto que resultase algo agradable.»

También se quejaba de que hubiesen suprimido algunos créditos para él y para el coro, y probaba que los músicos de Dresde estaban mucho mejor pagados. «Es fácilmente comprensible —seguía escribiendo— que músicos a los que se trata dignamente, se les evitan las preocupaciones materiales y no se les exige que toquen más de un instrumento puedan producir ejecuciones maravillosas. Pero si yo he de renunciar a algunos de mis ingresos suplementarios, me será imposible elevar el nivel musical de la escuela. Tengo que insistir también en que no disminuye el número actual de alumnos, a fin de que pueda dar a cada uno el tiempo necesario para su instrucción, y dejo a su juicio si debo seguir ocupándome de la música en tales condiciones o si habrá que hacer algo para contener esa decadencia.»

Además, veía que los órganos de las diversas iglesias cuya dirección musical tenía se encontraban bajo «manos sucias y poco hábiles», aunque había de reconocer que el señor Görner, organista de la Iglesia Nueva y la de Santo Tomás, no era un músico completamente inexperimentado, a pesar de ser sus composiciones confusas y desordenadas y de que (Sebastián no aseguraba esto, limitándose a repetir, sonriendo, un rumor muy extendido) no utilizaba las reglas de la composición por la sencilla razón de que las desconocía. Era, además, muy vanidoso y envidiaba la perfección con que Sebastián tocaba el órgano, se quejaba de su propia imperfección y no cesaba de hablar en forma bastante despectiva de mi marido. Tardó mucho tiempo en olvidar que, en un ensayo de una cantata, al tocar el órgano, cometió continuamente faltas; hasta que Sebastián montó en cólera, se quitó la peluca y se la tiró a la cabeza diciéndole que más le hubiera valido hacerse zapatero remendón que organista.

Sebastián perdía rara vez el dominio de sí mismo, y no creo necesario decir en qué ocasiones sucedía eso. De todo ello se deducen nuestras molestias y dificultades en los primeros años que estuvimos en la Escuela de Santo Tomás. Pero todas esas contrariedades no encontraban sitio en nuestro hogar, todas quedaban fuera, en cuanto Sebastián se sentaba al clave o cogía la viola. En casa hacíamos música en todos los momentos libres y en todas las festividades, y las largas noches de invierno nos parecían suaves cuando el fuego chisporroteaba en el hogar y las velas derramaban su luz sobre la partitura de una cantata o un cuarteto. También se presentaban algunas veces amigos de Sebastián, con el violín o el oboe bajo el brazo. Pero en la familia podíamos formar un cuarteto y dar un concierto sin necesitar ayuda de fuera. La hija mayor de Sebastián, Catalina Dorotea, tenía una voz suave y agradable, y yo misma poseía una voz de soprano muy limpia, como Sebastián le escribió una vez a un amigo suyo. Friedemann y Manuel tenían grandes talentos musicales, como demostraron en su edad madura, y todos nosotros, casi hasta los chicos más pequeños, sabíamos leer toda clase de música sin la menor dificultad.

Sebastián aseguraba con orgullo que todos sus hijos eran músicos de nacimiento. Hubiera sido muy extraño que no fuese así, puesto que él era su padre y hasta el aire de la casa era música. Lo primero que oían era música, y lo primero que veían, instrumentos musicales. Jugaban entre las patas del clavicordio y del clavecín, y los pedales eran el objeto de sus constantes investigaciones; a los pequeños les parecía aquello el colmo de lo misterioso y entretenido, hasta que crecían lo suficiente para llegar a las teclas y, con gran satisfacción y la boca abierta, las apretaban y adquirían el convencimiento de que sabían hacer lo mismo que su padre. Hubiera sido verdaderamente extraño que no llegasen a ser músicos.

Nuestra casa, con el tiempo, se iba llenando de instrumentos. A Sebastián le gustaban todos y nunca tenía bastante. Cuando murió tenía cinco clavecines y clavicordios, dos laúdes-clavecines, una espineta, dos violines, tres violas, dos violoncelos, una viola-bajo, una viola de «gamba» y un laúd. Todos ellos los había ido coleccionando y adquiriendo según sus ingresos se lo permitían, pues nunca contraía deudas, por mucha necesidad que tuviese o por mucho que deseara una cosa. Además de estos instrumentos, había regalado en vida a Juan Cristián, el más joven de sus hijos, tres clavicordios con pedal. Esta donación produjo, a la muerte del padre, una pequeña disputa entre los hermanos, pues los otros no querían reconocer ese regalo, pero su protesta no prosperó, porque mi hija, su marido el señor Altnikol y yo estábamos enterados de la forma legal en que Sebastián había hecho aquella donación en vida.

De todos los instrumentos de teclas, después del órgano, el que Sebastián prefería era el clavicordio, porque respondía al ejecutante con más sensibilidad y porque acostumbraba tocar con delicadeza, pues toda presión un poco fuerte produce una sonoridad dura. «Tocas demasiado fuerte —dijo un día que entró cuando Manuel hacía ejercicios—; parece que está gritando una mujer.» Manuel tomó muy a pecho la observación y llegó a ser célebre, lo mismo que su padre, por la

Juan Sebastián Bach. Retrato de E.-G. Haussmann.

Partitura autógrafa del «Oratorio de Navidad».

belleza y suavidad de su pulsación. Años más tarde escribió un método sobre el modo correcto de pulsar las teclas, en el que decía: «Algunas personas tocan el piano como si tuviesen los dedos ligados uno a otro; su golpe es horrible y sostienen la tecla mucho rato bajo la presión de sus dedos. Otras, por el contrario, para evitar ese defecto, tocan con demasiada ligereza y suavidad, como si las teclas les quemasen las yemas de los dedos.» Los hijos y los alumnos de Sebastián no necesitaban más que seguir su ejemplo para evitar esas faltas y conseguir un tacto excelente. Su regla principal era que, al tocar el piano, la mano debe permanecer tranquila para obtener una sonoridad perfecta. Sus manos, cuando tocaban, parecía que no se movían más que ligeramente, de derecha a izquierda, como resbalando sobre el teclado. Apreciaba especialmente el *bebung*, o sea sostener una nota por una nueva presión de la tecla sin haberla dejado levantarse del todo. El carácter sensible y tierno del clavicordio era muy apropiado para el alma tierna y musical de Sebastián, y le gustaba recordar la descripción que un escritor hacía de ese instrumento, diciendo que era «el consuelo del triste y el amigo del alegre». Teníamos un clavicordio hasta en nuestra alcoba, y recuerdo que se levantaba con frecuencia hacia la medianoche, se echaba encima un abrigo viejo y tocaba una o dos horas. Lo hacía con tal suavidad, que nunca molestó a nuestros dormidos hijos; más bien creo que endulzaba sus sueños, y yo permanecía inmóvil y feliz escuchando las notas que se extendían por la silenciosa casa. Algunas veces, un rayo de luna a través de la ventana venía a posarse sobre su tranquila figura. A mí me parecía que era un cántico de la antesala del cielo, pues por la noche no tocaba más que música ensoñadora, y debo confesar que, a veces, bajo las tiernas melodías que brotaban de sus manos, volvía a dormirme antes de que Sebastián tornase a acostarse.

Sebastián tenía ojos y oídos para todos los instrumentos musicales, desde el flautín hasta el órgano. Meditaba constantemente cómo se los podría mejorar para suprimirles durezas e imperfecciones y que pudiesen producir sonidos más bellos. Yo misma fui adquiriendo grandes conocimientos en esa materia, pues me hablaba de todas esas cosas, que también me interesaban, y me enseñaba el interior de los instrumentos cuando los afinaba o los desmontaba para arreglarlos. No consentía que nadie (a lo sumo yo) tocase las clavijas del clavicordio para afinar sus cuerdas, y sostenía que nadie sabía hacerlo como él. Ya he contado que inventó una «viola pomposa» de cinco cuerdas y un laúd-clavecín, que fabricó, bajo su dirección, el constructor de órganos Zacarías Hildebrand. Este laúd-clavecín sostenía las notas más tiempo que el clavecín, gracias a sus cuerdas de tripa o de metal, con una disposición especial de sordinas. Pero no recuerdo suficientes detalles para poder describir completamente ese instrumento. Al hacer ese invento, Sebastián perseguía el alargar la corta resonancia del clavecín; porque en este instrumento le era casi imposible ejecutar música de notas ligadas y ciertas canciones suaves. Su amigo el señor Silbermann —un hombre extraño, de mal carácter y que siempre estaba disputando, pero que era un gran constructor de órganos— empezó a fabricar, en aquella época, unos instrumentos que él llamaba pianofortes y cuya construcción despertó mucho interés en mi marido. A ruego de Silbermann, probó Sebastián uno de los primeros instrumentos que había construido, y encontró que su aspecto era prometedor, pero se quedó desilusionado de la disposición de los macillos, que era la novedad de tales instrumentos, y de la dureza del golpe; también encontró que el sonido de las teclas altas era muy débil. «Tú debes de saber hacer algo mejor que esto —dijo a Silbermann—; hay aquí una buena semilla, pero tienes que hacer salir de ella un árbol fuerte.» «No podía esperar otra cosa de tu vanidad —le respondió, irritado, Silbermann, pues era un hombre bastante grosero, que había tenido una juventud muy borrascosa—; he estado trabajando mucho tiempo en ese instrumento con el mayor cuidado, y ahora vienes tú con tus blancas manos de director de orquesta y me dices sencillamente que no está bien.» Casi reventaba de cólera.

Sebastián, con su temperamento apasionado, también estallaba con facilidad; pero en aquella ocasión se quedó tranquilo y le dijo en tono pacífico: «La cosa no está en regla, y tú lo sabes, y precisamente por eso estás irritado. Pero no nos enfademos por una cuestión musical. Tú has construido órganos magníficos y puedes construir algo mejor que este piano de macillos.» Y le señaló unos cuantos defectos del instrumento que era absolutamente necesario suprimir y que podían ser corregidos. Silbermann le escuchó en silencio con aire sombrío y, al marcharse, le dijo: «Eres un genio extraordinario y nada hay en este mundo que tú no sepas.» Y se marchó dando un portazo. Yo estaba indignada de que alguien se atreviese a hablar así con Sebastián; mas él me miraba completamente tranquilo y, sin que le hubiese afectado nada aquella disputa, dijo, respondiendo a mi mirada: «Sufre porque no ha podido hacer el instrumento como lo ha concebido, como sabe que tiene que ser... Comprendo perfectamente sus sentimientos.» «Pero no tenía necesidad de ponerse tan grosero», le respondí disgustada. «¡Bah! —exclamó Sebastián, riéndose—. Eso no tiene importancia, mientras él consiga hacer el clave a su gusto.» Pasó bastante tiempo, durante el cual Silbermann debió de aprovechar las indicaciones que le había hecho Sebastián y trabajar en el perfeccionamiento de su clave de macillos; porque, después de haber evitado todo encuentro con Sebastián durante varias semanas, le invitó inesperadamente a probar su instrumento, perfeccionado. Sebastián se dirigió con premura a casa de su antiguo amigo, tocó el nuevo piano de prueba y quedó encantado. Silbermann escuchaba junto a él, y al oír las cálidas palabras de alabanza de Sebastián, su sombría cara se aclaró con una sonrisa radiante: «Eres el mejor de los músicos —exclamó—, y yo sabía ya que mientras el piano no tuviese las condiciones que tú exigías, mi obra no estaría terminada. Pero, créeme, ha sido un trabajo muy duro el que he tenido que hacer para realizar lo que tú querías.»

Hacia el fin de su vida, Sebastián tocó en uno de los pianos de Silbermann que tenía el rey de Prusia, en Potsdam. También estimaba mucho los órganos fabricados por Silbermann, a pesar de que, al principio de su carrera de músico, tuvo una disputa con él por causa de un órgano. Se iba a dar a Silbermann el encargo de construir ese órgano, y Sebastián deseaba que el *do* profundo llegase con igual presión al teclado y al pedal. Silbermann se negaba a ello, y Sebastián le contestó: «Pues, entonces, no recibirás el encargo.» Pero, a pesar de todas las disputas, ambos se tenían gran consideración. Godofredo Silbermann reconocía voluntariamente el genio de Sebastián, y mi marido consideraba siempre a Silbermann como un gran constructor de órganos. «Nadie —solía decir Sebastián— puede construir un órgano sin un don especial de Dios, pues es muy distinto de construir una casa o un clavicordio. Es preciso que en los tubos del instrumento quede encerrado algo del alma de un músico, antes de que el órgano empiece a hablar y cantar. Si el órgano no ha sido construido con amor, nunca llegará a tener verdadera vida.» Silbermann amaba realmente sus órganos y ponía en ellos mucho más de lo que se le hubiera podido pagar con dinero. Por eso le quería Sebastián, así como a sus órganos, y no daba importancia a sus palabras groseras y a sus rudos modales.

Pero si mi marido no se dejaba abatir por las disputas y groserías del constructor de órganos, porque sabía que dedicaba toda su voluntad a la música, a la que amaba de todo corazón, y que sus conocimientos de ese arte eran verdaderos y profundos, se irritaba cada vez más por las miserables querellas y los disgustos que le ocasionaba el Consejo de la Escuela de Santo Tomás. Aquellos señores no querían apoyar su autoridad y le retuvieron sumas que le correspondían, con lo que impedían pagar a los músicos que le ayudaban en su cometido. Porque, como explica en uno de los muchos informes que dirigió a la administración de la escuela, los pequeños ingresos suplementarios que en tiempos anteriores correspondían al *chorus musicus* se habían suprimido por completo y, con ellos, había desaparecido la voluntad de estudiar del coro; «porque —seguía diciendo en el memorial— ¿quién trabaja sin sueldo y sirve sin reconocimiento?» Le dificultaban la vida de mil maneras, y cuando él, con su habitual franqueza, les decía lo que pensaba de su comportamiento, le llamaban «incorregible»; y no sólo le decían que su labor no tenía nada de extraordinario, sino que, además, le reprochaban el no dar ninguna justificación de sus exigencias. A pesar de esas pequeñas contrariedades, agotadoras por su repetición, Sebastián seguía escribiendo música y más música para la escuela e iglesia de Santo Tomás, así como para las otras iglesias de Leipzig, una música como hasta entonces no se había conocido en Alemania. Es cierto que ese arte era con frecuencia demasiado bueno para sus oyentes y demasiado elevado para sus almas y sentidos; solamente unos cuantos músicos lo comprendían. La tensión de semejante vida era excesiva para Sebastián, que, bajo su firmeza exterior, ocultaba un corazón muy sensible, y con frecuencia pensaba seriamente en marcharse de Leipzig para buscar fortuna en un lugar más tranquilo. Pero como no sabía a dónde dirigirse, escribió a su amigo de la juventud Jorge Erdmann, que había llegado a ser casi un personaje en Rusia, preguntándole si podría ayudarle a buscar un campo de acción apropiado a sus conocimientos. Esta carta me la dio a leer, como acostumbraba hacerlo con todas antes de mandarlas, y he de confesar que la idea de trasplantar nuestro hogar y nuestra familia a Rusia me causó gran dolor. Rusia me parecía muy lejana, muy extraña y muy pagana; pero si el traslado de Sebastián hubiese sido necesario, habría considerado como un deber el no mostrar ni la menor repugnancia contra ese plan. Porque ¿qué representaba para mí mi querida Sajonia? ¿Qué me importaba todo el mundo, en comparación con Sebastián? La patria de la mujer está donde viven su marido y sus hijos.

Sebastián explicaba en aquella carta a su amigo que la plaza de cantor en la Escuela de Santo Tomás no había resultado tan ventajosa como esperaba, y que una gran cantidad de ingresos suplementarios, con los que había contado desde el principio, habían sido suprimidos o reducidos; que la vida en Leipzig era muy cara, tanto, que en cualquier lugar de Turingia viviría mejor con cuatrocientos táleros que con el doble en Leipzig, donde hay que pagar todo lo necesario para la vida a unos precios extraordinarios. Pero decía que no era aquello lo que hacía insoportable su situación en Leipzig, sino sólo y exclusivamente el comportamiento de sus superiores, que eran gente muy extraña y difícil de tratar, con muy poco amor a la música y que le hacían vivir constantemente a disgusto por las envidias y las persecuciones de que era objeto, lo cual había llegado a tal punto, que, con la ayuda de Dios, le obligaba a probar fortuna en otro sitio.

Pero cuando las cosas habían llegado a esa situación tan desagradable, cambiaron de pronto con la muerte del viejo rector de la escuela, el señor Ernesti, y la designación para ese puesto del señor Gesner, viejo amigo de Sebastián de la época de Weimar. Nunca olvidaré su alegre expresión cuando me comunicó el nombramiento del señor Gesner. «¡Magdalena —exclamó—, ahora nuestra situación será mejor y más tranquila!» Di gracias a Dios desde el fondo de mi corazón, me eché al cuello de mi querido esposo y sentí mi alma aliviada de un gran peso. Yo sufría no solamente porque le veía siempre disgustado, sino también porque sabía que aquella excitación constante le apartaba de la música, y eso era muy lamentable, pues presentía que Dios le había criado para que iluminase este mundo sombrío con su arte. Y si el mundo le ensombrecía a él hasta el punto de que no pudiese brillar la luz de su música, la situación era muy grave.

El nuevo rector, aunque de salud tan delicada que tenía que ser llevado a la escuela en una litera, estaba lleno de energía, de entusiasmo y de bondad. A mí me inspiraba mucho respeto por su gran ilustración, y mucho agradecimiento por lo que estimaba y comprendía a Sebastián. Así creció una amistad profunda o, mejor dicho, se renovó una vieja amistad entre el rector y el cantor. La administración de la escuela ya no era mezquina cuando Sebastián solicitaba los medios necesarios para el buen cultivo de la música. Deseaba, por ejemplo, para el coro, una colección de motetes y responsos, que se acababa de publicar, y, con la intervención del rector, se la trajeron en seguida. El señor Gesner entraba con frecuencia en la clase de Sebastián cuando daba la lección a los alumnos, los escuchaba y animaba con palabras amables, lo cual nunca hubiera hecho el antiguo rector, y mostraba a los demás profesores y a los señores de la administración, en todas las formas posibles, la alta estima en que tenía a su cantor.

Sentí una gran felicidad cuando vi un día entrar en mi casa al rector, con un manuscrito en la mano, y que, con su aire correcto pero extraordinariamente amable, me decía: «¿Podríais concederme un ratito de conversación, señora? Quisiera leeros unas líneas que he escrito en honor de vuestro marido.» Le rogué que tomase asiento y le escuché con atención profunda, mientras me explicaba que iba a editar un libro científico, en lengua latina, sobre un antiguo escritor a quien me parece que llamó Quintiliano. En ese libro, uno de los personajes, llamado Fabio, habla de las cualidades de un hombre que tocaba la lira y, al mismo tiempo, cantaba y marcaba el compás con el pie.

«Todo eso, Fabio —seguía escribiendo el rector Gesner—, lo considerarías como cosa sin importancia si pudieses resucitar y ver cómo Bach (me refiero precisamente a él porque desde hace poco tiempo es mi compañero en la Escuela de Santo Tomás, en Leipzig) toca, con todos los dedos de ambas manos, el clavicordio, que contiene en sí todas las notas de muchas liras, o el instrumento de los instrumentos, con sus innumerables tubos animados por fuelles, y cómo va con las manos de aquí para allá, y cómo corren sus pies ligeros sobre los pedales, haciendo así sonar una multitud de notas diferentes, pero armónicas. ¡Y mientras hace eso, que no serían capaces de hacer varios de vuestros tocadores de lira y cien flautistas juntos, no solamente entona una melodía como lo hacía uno de vuestros músicos, sino que presta atención a todo y dirige a treinta o cuarenta músicos, a uno con una mirada, al otro con un golpe de pie en el suelo y a un tercero con el dedo amenazador; conserva el orden dando a uno las notas agudas, a otro las graves y al tercero las intermedias; y entre toda aquella música ensordecedora, a pesar de que su misión es la más difícil, nota hasta la más pequeña desafinación, y sostiene a sus músicos y los anima cuando prevé dificultades, y vuelve a darles seguridad, y lleva el ritmo con todos sus miembros, y recibe todas las armonías con oído seguro, y domina todas las voces con la suya! Soy un gran admirador de la antigüedad, pero creo que mi amigo Bach, o cualquiera que pudiera parecérsele, reúne en sí numerosos Orfeos y veinte Ariones.»

Es fácil imaginarse la alegría que me produjo ese párrafo y las veces que lo leí: tantas, que llegué a aprendérmelo de memoria y se lo repetía a aquellos de mis hijos que estaban en edad de poder comprenderlo. Aunque el señor rector Gesner no era músico, había sabido describir con exactitud la forma en que Sebastián dirigía un coro o un concierto instrumental. Según las circunstancias, sobre todo cuando tenía ante sí cierto número de cantantes e instrumentistas, solía llevar el compás con un rollo de música; a veces, sentado al clavicordio o al clavecín, marcaba el compás desde allí, sin dejar de tocar, con un rollo de papel en una mano y tocando el instrumento con la otra. Su hijo Manuel decía de él: «Era muy preciso en la dirección y en el compás, al que daba un aire vivo y animado, y tenía una gran seguridad.» Muchos de los ensayos de música sagrada se celebraban en nuestra casa, porque en la Escuela de Santo Tomás no había ningún clavecín. Cierto que había uno en la tribuna del órgano de la iglesia de Santo Tomás; pero, sobre todo en invierno, era más cómodo celebrar los ensayos en casa, y, así, pude ver muchas veces a cantantes e instrumentistas bajo la dirección de Sebastián tal como la describía el señor rector.

Lleno de pasión, no vivía más que para la música. Sus manos parecían extraer la armonía del aire, y la expresión feliz de su rostro era indescriptible cuando todo salía bien. Pero ni la menor nota falsa ni la menor impresión en el ritmo escapaban a su oído, y no estaba satisfecho hasta que la música, las voces y los instrumentos fluían como una corriente y con absoluta pureza de tono. Mas para obtener esa pureza era necesario mucho trabajo suyo y de los ejecutantes a quienes dirigía. Pero cuando no se trataba de chiquillos mal educados, tenía el poder de despertar en los músicos entusiasmo y devoción y la mayoría de ellos trabajaban con gusto y celo para obtener su beneplácito. Él mismo dijo una vez: «Claro está que, entre los estudiantes, los que aman la música me ofrecen su ayuda voluntariamente. Nunca me han causado esos estudiantes el menor disgusto; han adquirido la costumbre de ayudarme en la ejecución de la música vocal e instrumental y lo hacen con gusto, sin vacilar, por propio impulso y sin ninguna compensación.»

Entró en contacto aún más estrecho con los amantes de la música en el año 1729, cuando fue nombrado director de la célebre «Asociación Musical», que fundó el señor Telemann. Esta asociación organizaba semanalmente, bajo su dirección, magníficos conciertos; en verano, los miércoles, de cuatro a seis de la tarde, en el jardín de Zimmermann, en la calle del Molino de Viento, y, en invierno, los viernes, de ocho a diez de la noche, en el café de Zimmerman. En la época de la feria se organizaban dos conciertos semanales, los martes y los viernes. También dio esa asociación varios conciertos extraordinarios, en los que se estrenaban obras escritas por Sebastián exclusivamente para ellos. Igualmente celebró, con motivo del cumpleaños de la reina, en diciembre de 1733, la representación de un *Drama per Musica*, y, más tarde, la de otra obra que compuso para las fiestas de la coronación. Sebastián dirigió la «Asociación Musical» durante varios años y la elevó a una altura notable. Pronto tuvo fama de ser una institución ejemplar y dio conciertos extraordinarios para satisfacción de los que, en nuestra ciudad, sabían comprender y apreciar la música. Yo presencié casi todos los conciertos y muchos de los ensayos que se celebraban en nuestra casa; y, cuando me quedaba tiempo, iba también a escuchar los ensayos que se efectuaban en otros sitios; si, ni aun con la mejor voluntad, podía disponer de tiempo, hacía que un fiel alumno de mi marido, Juan Cristián Kittel, que entonces vivía con nosotros, me informase detalladamente. Una de las veces se trataba del ensayo de una cantata. «Gaspar acompañaba al clavecín —me dijo Kittel—, y fácilmente os figuraréis, señora, que no se aventuraba a tocar un acompañamiento débil de la voz de bajo. Parecía estar un poco excitado, pues a cada momento temía que sus manos tropezasen en el teclado con las del señor cantor aun cuando éstas no le estorbasen en modo alguno para seguir el acompañamiento; tenía que oír una serie de armonías que habían de turbarle aún más que la proximidad de su severo maestro. ¡Qué hombre más magnífico es nuestro maestro! No hay en toda Alemania otro que le iguale, y no sabemos si le tememos más que le amamos.» «Yo creo que sí lo sé, Juan», le contesté, y me eché a reír. «¡Claro, claro! —exclamó con rapidez—. ¡Pero, sin embargo, es muy peligroso darle motivo para que se enfade!»

Esos jóvenes que pasaban año tras año por nuestra casa —unos permanecieron muchos años, otros sólo breve tiempo— eran casi todos para mí un manantial de interés y de placer, al ver lo íntimamente unidos que estaban a mi marido. Generalmente, llegaban ingenuos e impresionables, rara vez venía alguno presuntuoso, y esa mala cualidad la perdía rápidamente y volvíase humilde al ver la grandeza de Sebastián, su carácter y sus cualidades y cómo, aun sin hablarles, con su sola presencia, les hacía comprender la dignidad de la profesión de músico, la dureza de sus estudios y la devoción que requería. «Enciende una llama en nuestros corazones —me dijo uno de ellos al marcharse—, y toda la música de este mundo ya no tendrá para mí más que su voz.» Era para mi corazón una gran alegría el ver a aquellos jóvenes rodear a Sebastián, como a Nuestro Señor sus discípulos, llenos de entusiasmo y respeto y entregados al trabajo con todo el ardor de la juventud, copiando las creaciones de su maestro, partitura por partitura, para poder llevárselas cuando se fueran de nuestra casa; cómo estudiaban el contrapunto y escribían también música; cómo enseñaban el fruto de su trabajo a su maestro, con una mezcla de orgullo y turbación, y lo bien que tocaban todos los instrumentos, pero, sobre todo, el clavicordio y el órgano, y lo dispuestos que estaban a todo, principalmente a comer. ¡Sí, su capacidad en esa materia no la conocía nadie tan bien como yo! «¡La música abre el apetito, señora!», me solían decir; y me seguían a la cocina para que les diese un plato de sopa o una taza de leche de almendras, con un buen pedazo de pan. «Cuando el señor cantor está contento con nosotros, nos alegramos de tal modo, que se nos abre el apetito; y, cuando no lo está, tenemos que comer para consolarnos», me solían decir. En general, aquellos mozos eran una cuadrilla muy alegre, pero que tomaba la música muy en serio.

Esos de que acabo de hablar eran los alumnos particulares de Sebastián, que querían dedicar su vida a la música y por los que él se tomaba un interés paternal. En los últimos años de su vida se unieron a ellos alumnos aficionados, que le asediaban para que les diese lecciones, porque deseaban poder decir que habían sido alumnos de «Bach de Leipzig», que es como era conocido en general. Al principio quiso verse libre de esa clase de alumnos y trató de asustarlos fijando unos precios muy altos para las lecciones; pero cuando vio que no bastaba eso para alejarlos, aceptó todos cuantos le permitía el tiempo que le quedaba libre, porque los ingresos que le producían esas lecciones nos ayudaban considerablemente. Mas si alguno de dichos alumnos aficionados se comportaba de una manera algo incorrecta o no tomaba el estudio en serio, le enseñaba la puerta sin consideraciones. Así recuerdo que le sucedió a un diletante a quien daba lecciones de clavicordio. Sebastián le había entregado una pieza determinada para que la estudiase. En la lección siguiente, el alumno la ejecutó en tiempo distinto y con una colocación de dedos completamente diferente de los que Sebastián le había prescrito. «Me parece que así suena mejor —le explicó con ligereza—; el modo que me ha indicado usted de colocar el pulgar lo encuentro muy difícil, y por eso he creído conveniente ejecutarlo a mi manera.» El rostro de Sebastián se oscureció un momento, mas pronto se volvió a aclarar y le respondió, consiguiendo sonreírse: «Señor mío, por lo que veo, está usted demasiado adelantado para que yo le dé lecciones, y creo que lo mejor será que ésta sea la última.» «¡Ah! —le respondió el elegante joven, muy asombrado—. ¡Creí que aún podría aprender bastante con usted!» Pero Sebastián no volvió a darle lección. Cuando tropezaba con algo desagradable que provenía de necedad pura, trataba de hacer como que no lo notaba, aunque tuviese que esforzarse para escuchar obras sin ningún valor artístico. Un día se presentó en nuestra casa un tal señor Hurlebusch, de Brunswick, con unas sonatas para clavicordio, de muy poco mérito, que había compuesto. Las tocó con gran satisfacción desde el principio hasta el fin y no pareció darse cuenta de que no complacían a nadie más que a él, pues en nuestra casa estábamos acostumbrados a otra clase de música. Sebastián le escuchó muy cortés, en silencio, y nuestro visitante debió de tomar aquel silencio por una admiración inexpresable, habituado como estaba a los elogios. Al despedirse, regaló a Friedemann y a Manuel sus sonatas impresas, aconsejándoles que leyesen y tocasen esas obras con mucha aplicación, ya que semejante música puede ser muy útil... «para saber lo que no se debe hacer», terminó la frase Sebastián, con un guiño, en cuanto nuestro visitante hubo salido.

Los verdaderos alumnos eran muy diferentes de los señores distinguidos y aficionados por pedantería, y algunos de ellos llegaron a conquistar el cariño de su maestro y fueron músicos verdaderamente extraordinarios. Así vivía Martín Schubart, a quien yo no había conocido, constantemente en su recuerdo, como el querido Cristóbal Altnikol, que se casó con nuestra hija Elisabet, y los dos Krebs, padre e hijo, los cuales, sobre todo el último, Juan Luis Krebs, llegaron a ser músicos admirables. Fue alumno suyo por espacio de nueve años, y Sebastián dijo una vez, riéndose, que era el único cangrejo *(krebs)* que había en el arroyo *(bach)*.

Juan Luis conservaba con gran respeto el certificado que le dio Sebastián y que decía así:

«El portador del presente documento, señor don Juan Luis Krebs, ruega al infrascrito que le dé un certificado de la conducta observada por aquél durante sus estudios en mi establecimiento. No puedo negárselo, pues estoy persuadido de que se ha distinguido entre mis alumnos por su habilidad para tocar el clavicordio, el violín y el laúd, al mismo tiempo que para componer, de tal modo que puede ejecutar su música en público sin ninguna clase de temor, como lo demostrará bien pronto la experiencia. Le deseo la ayuda de Dios en su carrera, y por el presente documento le recomiendo con el mayor interés.»

No puedo citar por sus nombres a todos los alumnos; serían demasiados. Pero entre los que se distinguieron más y aprovecharon mejor las enseñanzas de aquella escuela incomparable se encuentra también Gottlieb Goldberg, un ejecutante magnífico que más tarde fue clavecinista del conde de Kayserling y para quien escribió Sebastián el *Aria con treinta variaciones*. Estaban compuestas para un clavecín con dos pedales y en casa las llamamos generalmente las «variaciones de Goldberg».

Otro alumno al que Sebastián tenía en gran estima era Juan Felipe Kirnberger, que actualmente vive en Berlín, donde da lecciones de música y sigue en todo las huellas de su maestro. Cuando vino a ser alumno de Sebastián trabajó al principio con tanta energía y pasión, que contrajo unas fiebres intermitentes y tuvo que quedarse en su cuarto durante varias semanas. Pero los ratos en que le desaparecía la fiebre seguía estudiando con el mismo ardor, y Sebastián, al que emocionaban aquella aplicación y aquel amor a la música, tomó la costumbre, durante esa enfermedad, de ir a sentarse junto al lecho del paciente y darle allí la lección, en lugar de que éste fuese, como los demás alumnos, al cuarto de trabajo de Sebastián. Hubiera sido muy molesto y peligroso para el enfermo andar de un lado a otro con sus partituras y ejercicios.

Kirnberger sentía el mayor respeto por su maestro, y aquella prueba de interés paternal que Sebastián le dio llenó su corazón de agradecimiento, y quiso manifestárselo un día, muy turbado y tartamudeando. «No me hables de agradecimiento, querido Kirnberger —le respondió Sebastián—; sentí una gran alegría al ver lo seriamente que querías estudiar música, y no depende más que de ti el que aprendas todo lo que yo sé. En cambio, sólo te exijo que me des la seguridad de que, cuando llegue el momento oportuno, transmitirás estos modestos conocimientos a tus alumnos que no se den por satisfechos con el "larín-larún" corriente.» Y yo sé que ese alumno de Sebastián, desde el momento en que tuvo discípulos, cumplió fielmente esa promesa. No hace aún muchos días se presentó en mi casa un alumno de Kirnberger, que estaba de paso en Leipzig y venía a hacerme una visita de cortesía. Con una finura que rara vez se encuentra ahora en la juventud, me dijo que consideraba como un gran honor el poder presentar sus respetos a la viuda del gran cantor, cuya memoria le había enseñado a reverenciar su maestro el señor Kirnberger, y me pidió permiso para contarme una anécdota que estaba seguro de que me iba a producir satisfacción:

Hacía una o dos semanas había ido, como de costumbre, a casa del señor Kirnberger para dar la clase de música. Pero, al entrar, se había encontrado con

«En casa hacíamos música en todos los momentos libres y en todas las festividades; en la familia podíamos formar un cuarteto y dar un concierto, y todos nosotros, casi hasta los chicos más pequeños, sabíamos leer toda clase de música sin la menor dificultad.»

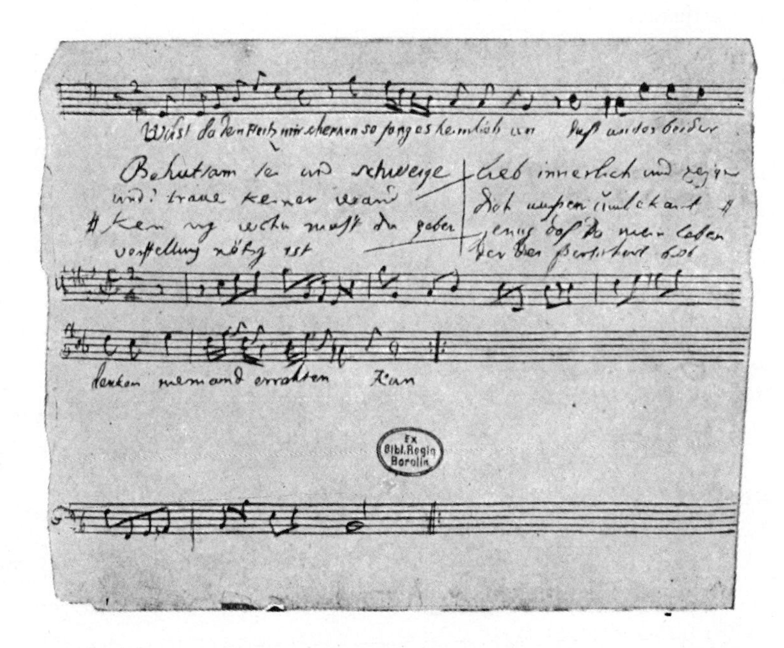

«Al día siguiente me trajo una canción, una canción de dulzura indescriptible, que canté al momento y cuya letra era la siguiente…»

«Cuando el señor Gesner dimitió el cargo y ocupó su lugar el segundo de los Ernesti, Juan Augusto Ernesti, cambiaron las cosas muy en nuestro perjuicio.»

«Sebastián trabajaba, hasta muy entrada la noche, a la luz de una vela, a pesar de producirle eso con mucha frecuencia dolores en los ojos. En ese trabajo yo le ahorraba el que podía, ayudándole a copiar.»

una escena bastante extraña. Un charco de agua en el suelo y su maestro trabajando muy excitado con un cubo, un cepillo y un trapo. Un manto de terciopelo cubría el retrato de Sebastián, que Kirnberger honraba sobre todas las cosas. ¡Cómo me consuela en estos días el que haya todavía almas fieles que respetan la memoria de Sebastián! Pero la excitación de Kirnberger desapareció para ser sustituida por una sonrisa cuando vio a su alumno vacilante en el umbral. «Entra, entra —le gritó—. Ya se puede volver a estar en este cuarto. He purificado el aire y he lavado la silla; ahora voy a descubrir el retrato para que puedas contemplarlo.»

—Después de tan extraño saludo —me siguió contando el joven— creí durante unos instantes que mi querido maestro había perdido el juicio, pero pronto me enteré de lo sucedido. Aproximadamente una hora antes se había presentado en casa de Kirnberger un pañero de Hamburgo. En el curso de la conversación, el pañero descubrió en la pared el retrato de Sebastián y exclamó: «¡Dios mío! ¿Cómo se le ha ocurrido a usted colocar en el sitio de honor el retrato del viejo cantor Bach? Era un señor bastante ordinario y tuvo la osadía de dejarse pintar con un rico manto de terciopelo.» Estas palabras le produjeron a Kirnberger el efecto de un mazazo (tenía un carácter impetuoso y una cálida sangre de músico); se levantó de un salto, cogió con ambas manos al asustado comerciante y lo empujó hacia la puerta, sin dejar de gritar: «¡Fuera, perro! ¡Fuera, perro!», y, sin más ceremonia, lo echó a la calle. Después volvió a su cuarto para lavar la silla en la que se había sentado el pañero y quemó unos polvos aromáticos para limpiar el aire de los miasmas de bajeza que había dejado su visitante.

Tuve que reírme un poco al oír esta historia; pero, al mismo tiempo, se me saltaban las lágrimas al pensar en la fidelidad de Kirnberger. «El gran patrón de la música —me dijo un día— no es para mí la bella italiana Santa Cecilia, sino nuestro buen alemán San Sebastián, que lleva en su espíritu toda la música del mundo.»

Experimento la sensación de que se enciende una luz en mi cuarto sombrío cuando, en estos días de soledad y abandono, recuerdo el entusiasmo y el fervor de los alumnos de Sebastián. No sé si entre las relaciones espirituales habrá en este mundo alguna más agradable que las existentes entre discípulo y maestro cuando ambos están unidos por un arte tan puro como la música. El maestro experimentado, a la vez severo y bueno, guiando y entusiasmando a los jóvenes espíritus llegados a él, dando sólo su aprobación a lo mejor de lo que el alumno es capaz de hacer, descubriendo y sacando a la luz los dones ocultos, mientras el discípulo estudia, examina, escucha, apresa cada palabra de su maestro, abre su corazón para obtener su aquiescencia. Así eran, por lo menos, los lazos que unían a Sebastián con los jóvenes que vivían con él y le veneraban. Nuestros hijos eran, naturalmente, los alumnos preferidos, que gozaban de mayor cuidado y estaban sometidos más de cerca a su influencia. Con quienes trabajaban con verdadero interés —y debo reconocer que eran la mayoría, pues el buen maestro hace el buen discípulo— era extraordinariamente bondadoso. Todavía conservo en el oído el tono con que dijo a Manuel, en un momento en que éste componía una obra de modulación difícil y se volvió hacia él pidiéndole ayuda: «Hijo mío, ¿qué te parece si intentásemos hacerlo así?», y, quitándole la pluma de la mano, le hizo unas correcciones en su composición. Creo que no se podía corregir con más ternura de lo que él lo hacía. Una de las mayores alegrías de mi vida la tenía cuando a esos jóvenes se les desbordaban sus sentimientos por su maestro y venían a descargar su corazón conmigo. «Mamá Bach, ¿nos permitís que os hablemos un ratito?» Con esa frase se acercaban a mí, y al momento sabía yo lo que querían. «Suscita a la vez nuestro respeto y nuestro entusiasmo —me declaró un día un alumno, Enrique Gerber— el contemplar a ese gran hombre sentado entre sus alumnos, enseñándoles con una paciencia angelical las reglas elementales de la armonía, o a tocar el bajo cifrado, o la colocación de los dedos en el clavicordio. Nos admira el resultado de su nuevo método y el ver cómo se reúnen en él la más estricta ciencia musical y las mejores cualidades de ejecución. ¡Y qué decir de los momentos verdaderamente celestiales en que interrumpe de pronto la lección, aparta con un movimiento de la mano las partituras y cuadernos de ejercicios, se sienta al clave o al órgano y deja escapar el magnífico flujo de su improvisación! ¡El cielo se abre ante nosotros! Son horas que vale la pena de vivir. ¡Qué música! A veces, de noche, me paso horas enteras sin dormir (lo cual ya sabéis que no me sucede sin un motivo grave), para volver a pensar, estremecido, en aquellos momentos. Con frecuencia, al oír tocar a mi adorado maestro, tenía que lanzar gritos de júbilo y a veces no podía menos de llorar. El recuerdo de esas horas no se nos borrará hasta que bajemos a la tumba.» Y al pronunciar esas palabras, una ola de sangre coloreaba el rostro del joven. Enrique Gerber se había distinguido siempre por su extraordinario cariño y respeto a Sebastián. Había venido a Leipzig para estudiar derecho, mas su corazón le atrajo desde el principio hacia la música y hacia el cantor de la Escuela de Santo Tomás. Pero vivió seis meses en Leipzig antes de que se atreviese a visitar a Sebastián para rogarle que le diese lecciones; tanto era el respeto que le inspiraba. Sebastián le recibió como a todos aquellos en quienes descubría verdadero amor a la música; y, ya en la primera visita, le puso la mano en el hombro y con mucho cariño le llamó paisano, pues Gerber venía de Turingia. Enrique temblaba de felicidad y de turbación durante la lección primera, cuando Sebastián le puso delante las *Invenciones,* de las que muy pronto pasó al *Clave bien temperado,* por cuyas composiciones conservó siempre Gerber un cariño especial, ya que había tenido la dicha de oírselas tocar a Sebastián tres veces en forma inimitable. Con esa clase de satisfacciones solía premiar Sebastián a sus alumnos más aplicados. Les decía que no estaba de humor de enseñar, se sentaba al piano y les tocaba, durante una hora o más, las piezas que tenían que estudiar y otras. A todo discípulo que había de estudiar una obra musical se la tocaba por lo menos una vez. Les decía que así tenía que sonar, después de haberles mostrado la forma perfecta y el ritmo, para que supiesen el objeto a que debían tender sus esfuerzos.

Durante algún tiempo tuvo Sebastián un alumno italiano. Se llamaba Paolo Cavatini. Al principio le tuve por un muchacho extraño y difícil de tratar. Entre nuestros jóvenes alemanes, tan sanos, era oscuro, sombrío y celoso y se mostraba descontento, aunque estaba extraordinariamente dotado. Ya al poco tiempo de su residencia en nuestra casa demostró una devoción apasionada por su maestro. Parecía que no podía estar sin su presencia y le seguía a todas partes con sus ojos oscuros y tristes. Estaba celoso, de la manera más molesta, de sus compañeros y aseguraba con gran violencia que, con sus pesados cerebros de sajones, no podían comprender a un genio como el del cantor. Cuando Sebastián no estaba alguna vez contento del trabajo de Cavatini, éste se tiraba al suelo y lloraba como un niño al que se hubiera hecho padecer. Nos producía a todos gran turbación y con frecuencia yo me asustaba un poco de su apasionamiento y falta de dominio de sí mismo. Sebastián parecía comprenderle mejor que ninguno de nosotros (Friedemann le tenía verdadero odio) y demostraba gran paciencia con él. Con frecuencia, el muchacho decía y hacía cosas extrañas. Un día entró corriendo en mi cuarto, se tiró cuan largo era en la alfombra y se me quedó mirando fijamente y muy excitado, estando yo sentada junto a mi costurero. «¡Estás ahí sentada, cosiendo —exclamó de pronto—, y quizá no sepas siquiera que tu marido ha compuesto música ante la que tendrían que inclinar la cabeza los coros de ángeles del cielo! ¿Le quieres de verdad? ¿Le comprendes? Pero ¿qué mujer podría comprenderle? ¡Remienda sus trajes y guísale la comida, que es lo mejor que puedes hacer por él!» Estas palabras me irritaron un poco, aunque no excesivamente, pues veía que el muchacho estaba fuera de sí. «Paolo —le respondí—, no está bien que hables así a la mujer de tu maestro. Le quiero y tal vez le comprenda mejor de lo que tú supones.» «Perdóname —me rogó, y, de pronto, su aspecto fue triste y humillado—. No sé lo que me digo; esa música me quita el juicio y la quiero tanto que me hace padecer.» Al oír esto, algo se despertó en mí, e inconscientemente me incliné hacia él y le besé en sus negros cabellos. «Conozco ese sufrimiento, Paolo», le dije, y desde aquel momento fuimos amigos. No estuvo mucho tiempo entre nosotros, el pobre, pues llegó pronto el invierno, se enfrió y murió. No podíamos apartar de nosotros la idea de que no estaba hecho para este mundo, por su apasionamiento, su irritabilidad y su desequilibrio. En los pocos días que duró su enfermedad se volvió suave y paciente. Su muerte causó mucha pena a Sebastián, que en aquellos días dejó todos sus trabajos y se pasaba las horas junto a la cama del enfermo, con una partitura sobre las rodillas, para trabajar en ella en cuanto la mano del moribundo soltaba la suya. El joven tenía constantemente sus negros ojos fijos en el rostro del maestro. «Soy más feliz que nunca», me dijo una vez con una sonrisa extraña al entrar yo en la habitación para darle una taza de leche caliente. Tenía la mano de Sebastián cogida entre las suyas y en su rostro había una expresión de felicidad que nunca había tenido. Había ya empezado a trabajar en serio, y Sebastián, al pie de su tumba, pronunció esta frase: «Temo que hemos perdido un Scarlatti.» Aquel muchacho era un verdadero genio, y eso explica que fuese tan desgraciado.

El método que tenía Sebastián para enseñar composición era completamente distinto de las rígidas reglas de otros maestros.

La armonía, el contrapunto, el tocar con el bajo cifrado, el arte de la fuga, todo eso lo enseñaba en una forma que daba vida e interés al estudio. Empezaba por la armonía a cuatro voces con un bajo cifrado y hacía que cada alumno escribiese primero cada voz en una hoja, para que no se produjera ninguna parte confusa y que todas las voces tuvieran su interés. Si una de las voces no tenía nada que decir, debía callar. Las voces interiores debían fluir y formar una línea melódica. La misma música de Sebastián era una melodía múltiple, y en ella no se encontraba ni una nota que no tuviese origen justificado. Nunca toleraba la añadidura de un acorde que no tuviera más misión que impresionar. «¿De dónde vienen estas notas? —preguntaba medio en broma, medio en serio, y las tachaba—. ¿Han caído del cielo en la partitura?» Kirnberger contaba que era regla en Sebastián hacer que sus alumnos empezasen a componer por el contrapunto a cuatro voces, porque es imposible componer contrapunto a dos o tres voces sin conocer muy bien el contrapunto a cuatro, pues como la armonía tiene que ser necesariamente incompleta, quien no sepa manejar la frase musical a cuatro voces, no puede juzgar qué es lo que debe dejar para escribir composiciones de menos voces. Después de la muerte de Sebastián, el bueno de Kirnberger se vio enredado en una controversia musical con el señor Marpurg y citó, como prueba irrefutable, una frase de su maestro. Entonces Marpurg se enfadó y, según me contaron luego, dijo: «¿Por qué mezcla usted al viejo Bach en una discusión en la que, si viviese, no hubiera tomado parte? ¡No se le podrá hacer creer a nadie que fuese a exponer sus principios sobre la armonía con arreglo a la opinión de su discípulo el señor Kirnberger! Estoy convencido de que el grande hombre tenía más de una manera de enseñar y seguramente acomodaba su método a la capacidad del alumno, según su concepción más o menos rápida y su mayor o menor talento natural. Me parece que si existe algún escrito del maestro sobre el estudio de la armonía, no se encontrarán solamente en él los preceptos que el señor Kirnberger nos expone como opiniones únicas de su maestro.»

El señor Marpurg tiene razón en cuanto a la multiplicidad de los métodos de enseñar de Sebastián, pero se equivoca al creer que la veneración de Kirnberger le hiciese decir sentencias de su maestro que éste no hubiese pronunciado.

Todos sus alumnos tenían que madurar sus ideas antes de llevarlas al papel, y tampoco les consentía que trabajasen en el clavicordio. Si no poseían la facultad de componer mentalmente, Sebastián les hacía perder todas sus ilusiones, les prevenía contra la continuación de la experiencia y les decía que, por lo visto, estaban destinados a otra vida distinta de la ruda labor del compositor, «profesión que da mucho trabajo y produce muy pocas satisfacciones». Verdad es que esto lo dijo en un momento de amargura; pero su situación espiritual frente a su trabajo la expresaba mucho mejor en las reglas que daba a sus alumnos:

«El bajo cifrado es la base más firme de la música. La mano izquierda toca las notas escritas, mientras que la derecha añade las consonancias y disonancias, a fin de que el conjunto produzca una armonía agradable, para honra de Dios y legítimo goce del espíritu. Como toda música, el bajo cifrado no debería tener otro objeto que la gloria de Dios y la satisfacción del alma. De otro modo, el resultado no es música, sino una charlatanería insubstancial.»

Sebastián escribió con mucha paciencia cuidadosas reglas e instrucciones para el uso del bajo cifrado o el acompañamiento a cuatro voces, exponiendo ejemplos abundantes y claros que explicaban todas las dificultades. Por dos veces reformó una regla que en su primitiva redacción, más difícil, los muchachos no podían retener. En mi cuadernito para clavicordio, de 1725, me escribió la construcción de los tonos con sostenidos y con bemoles y algunas reglas para el bajo cifrado. Pero, al final, añadió apresuradamente estas palabras: «Los otros puntos que deben ser recordados se explican mejor de palabra que por escrito.» Todos los que tuvieron la felicidad de ser sus discípulos aprobarán de todo corazón sus palabras. Ninguna regla escrita puede dar una idea de la energía con que enseñaba Sebastián, de la claridad con que sabía explicar y de la facilidad con que resolvía las dificultades que se le sometían. La capacidad de Sebastián para llenar voces e improvisar era evidentemente extraordinaria y no podía ser bien apreciada más que por músicos muy aventajados. Si, cuando estaba sentado al clave o al órgano, se le ponía delante un bajo cifrado, lo tocaba al momento a tres o cuatro voces. Pero, generalmente, no lo hacía hasta después de haber tocado un poco de música de uno de sus compositores favoritos, lo que estimulaba su espíritu. «Habéis de saber —dijo una vez un amigo nuestro, el *magister* Pitchel, a un conocido suyo que estaba de paso en nuestra ciudad y quería oír improvisar a Sebastián— que este grande hombre, a quien admiran en nuestra ciudad todos los inteligentes en música, no puede producir la satisfacción ajena con sus propias notas si no toca algo antes de otro para poner en movimiento su espíritu.» Sebastián oyó esas palabras con las manos colocadas ya sobre el teclado, se sonrió en silencio y no dijo nada.

Cuando pienso en tiempos pasados, recuerdo muchas de esas ocasiones en las que Sebastián no decía nada, dejando que la gente hablase y argumentase sobre él, sin intervenir en la conversación. Solamente cuando se trataba de alguna cuestión seria de música o del arte de su ejecución decía con suavidad, pero con firmeza, lo que tenía que decir, y se volvía a callar. Nunca se tomó la molestia de explicarse ante el mundo o, a lo sumo, lo hizo cuando se le discutían determinados privilegios a los que creía tener derecho. ¡Para defender sus derechos era de gran tenacidad y tenía razón en serlo! Su espíritu estaba tan embebido, acaparado por su arte, que, a veces, yo tenía la sensación de que no nos veía ni nos oía, como si no existiésemos, aunque nunca dejaba de tratarnos con bondad. Pasaba yo unos momentos horribles cuando le veía sentado en su sillón, rodeado por mí y por nuestros hijos, entregados a nuestras ocupaciones, y, sin embargo, presentía que estaba solo, por encima de nosotros; junto a nosotros y, no obstante, solo, como abandonado. Algunas veces, esa sensación era tan fuerte y atormentadora, que apartaba mi labor o la música que estaba copiando, me acercaba a él, me arrodillaba a sus pies y le abrazaba. «¿Qué hay, Magdalena? —me preguntaba entonces sin perder la calma—. ¿Qué pasa? ¿Por qué estás tan excitada?» Pero yo nunca le decía cuáles eran mis sentimientos. ¿Con qué palabras hubiera podido expresarlos? Los grandes son siempre solitarios; por eso son grandes y están emparentados con el Altísimo.

Cuando componía música o, mejor, cuando improvisaba, sobre todo en el órgano, era cuando volcaba su corazón y llegaba a las regiones de que provenía y en las que él, y tal vez sólo él, estaba como en su casa. Mucha de la magnífica música que fluyó de él no la volverá a oír ningún oído humano; no salía de él más que una vez, no la escribió nunca y se perdió para siempre, como él mismo, más tarde, en la armonía del cielo. Solamente una reducida comunidad de vivientes le oyó tocar esa música, y esas personas escuchaban, absortas, la variedad celestial de voces que fluía de su alma y de sus manos; pero cuando tales seres dejen este mundo, se habrá perdido hasta el recuerdo de esa música, y ése es un motivo de gran tristeza para mí.

Algunos de los discípulos de Sebastián, cuya capacidad para juzgarla demostraron con su vida, me han dicho que esa música que lanzaba al aire y, después de ser repetida por el eco, se volvía a perder en el silencio, era más maravillosa que todo lo que ha escrito, por muy sobrehumanamente hermosa que sea la música que ha dejado. Y este hecho nos muestra una extraña contradicción en el modo de ser de Sebastián. En todas las cosas de la vida diaria era cuidadoso, minucioso y económico; sólo componiendo música era de una generosidad que casi llegaba a la dilapidación. No hay que olvidar, sin embargo, que esa riqueza, aunque era un don divino, suponía un trabajo duro y constante, un trabajo que duró desde su primera juventud hasta su muerte. Nunca descansó su espíritu en la idea de la propia satisfacción y jamás cesó de seguir corrigiendo su música; hasta cuando se hallaba moribundo le vi ocupado en esa labor y sentí profundamente la verdad de las palabras del Eclesiastés: «El ensueño nace de la multitud de las ocupaciones.»

Ésa debía de ser la causa de que la misma musa de la música pareciese sonar en sus manos cuando su espíritu se derramaba en improvisaciones y de que el tiempo se detuviese para los que le escuchaban. A los que no lo oyeron les es imposible imaginarse la fuerza y la belleza tan extraordinarias de sus improvisaciones. Sin embargo, puedo repetir una descripción que hacía Juan Kirnberger en una carta que escribió a un amigo y que, por la bondad de éste, ha llegado a mis manos:

«Cuando el señor cantor se sentaba al órgano, fuera de las horas del servicio divino, a lo que le incitaban con frecuencia forasteros amantes de la música, elegía generalmente un tema y lo tocaba, lo transformaba en todas sus maneras posibles para la ejecución en el órgano, y su fantasía era tan poderosa, que muchas veces seguía la obra durante dos o más horas. Luego lo variaba, cambiando los registros, y lo tocaba como trío, como cuarteto y sólo Dios sabe de cuántas maneras. Después seguía un coral y, en su melodía, volvía a aparecer el primer tema a tres o cuatro voces diferentes y con variaciones abundantes y complicadas. Y el final consistía en una fuga a pleno órgano, en la que, o bien dominaba el mismo tema inicial nuevamente arreglado o, según su carácter, se continuaba en dos o tres temas derivados del primitivo.»

La mayoría de los organistas se quedaban asombrados y hasta alarmados al ver cómo manejaba Sebastián los registros. Nunca seguía las reglas establecidas, como no le fueran de verdadera utilidad. Los otros habían creído que aquellas combinaciones que él empleaba nunca hubieran podido armonizar, y se quedaban más asombrados todavía cuando empezaba a tocar y observaban que las notas del órgano no habían sonado nunca tan hermosas, a pesar de que la disposición de los registros les parecía extraña e inusitada. También causaba placer a Sebastián, cuando improvisaba, apelar a todas las tonalidades posibles, empleando las más diversas, pero sus modulaciones eran tan hábiles, que muy pocos de sus oyentes notaban esos cambios.

Un músico muy conocido en la corte del rey de Prusia, el señor Quantz, que había escrito un tratado sobre el arte de tocar la flauta, y que Sebastián había leído con gran interés, decía en ese libro que Sebastián Bach, el «músico admirable», había llevado el arte de tocar el órgano al mayor grado de perfección y que se debía esperar que, a su muerte, esa perfección no se perdiese o disminuyese, como era de temer dado el corto número de personas que en estos tiempos se dedican a ese arte prócer. Pero el señor Quantz, cuando escribió ese párrafo, no había pensado en el gran número de discípulos de órgano a quienes Sebastián había inculcado su espíritu. Todos esos tributos que sus contemporáneos rendían a su genio y que yo acumulaba en el corazón como un tesoro me causaban a mí mucha más alegría que al mismo Sebastián, aunque siempre sabía reconocer el aprecio de los verdaderos músicos. A pesar de que había explorado la teoría de la música hasta lo más profundo, no era nada pedante, de tal modo que uno de sus amigos pudo decir de él con razón: «Que se le pregunte al gran Bach, que domina la música con todas sus finezas y la más perfecta técnica y cuyas admirables composiciones no se pueden oír más que con asombro, si, al adquirir su habilidad extraordinaria, ha pensado siquiera una vez en la relación matemática de los tonos entre sí, y si al construir sus poderosas obras ha pedido consejo a las matemáticas.» Yo puedo asegurar que no lo hizo nunca. Llevaba la música en la sangre y las matemáticas no le eran necesarias. Tenía un extraño conocimiento intuitivo de la vida del sonido, como lo demuestra un hecho también extraordinario que voy a relatar. Una vez que estaba en Berlín le invitaron a que viese el nuevo teatro de la Ópera, que acababan de construir, y, al atravesar la galería del gran comedor, se detuvo de pronto y dijo que si una persona se colocase en uno de los rincones de la sala y hablara en un tono como un susurro, otra persona que se colocase en el rincón opuesto, vuelta hacia la pared, podría oír hasta la menor palabra, pero solamente ella. Se hizo inmediatamente el experimento y se comprobó que Sebastián tenía razón, a pesar de que ni el mismo arquitecto sospechaba que existiera aquel fenómeno acústico.

Quizá porque Dios le había dado tan inmensa comprensión intuitiva de las cosas de la música era mucho más severo que otros maestros y concedía a los alumnos que tenían verdadero talento musical cierta libertad dentro de las reglas fijas del arte. «Dos quintas y dos octavas no deben seguirse nunca —les decía algunas veces, y añadía, con una sonrisa que iluminaba su severo rostro—: No sólo es un *vitium*, sino que suena mal, y todo lo que suena mal no puede ser música.» Él mismo no vacilaba nunca en faltar a una regla cuando sentía necesidad de hacerlo, y yo experimentaba el deseo de aplicarle las palabras de Martín Lutero refiriéndose a uno de sus músicos favoritos: «Es el señor de las notas: tienen éstas que hacer lo que él quiere; otros compositores tienen que hacer lo que quieren las notas.» Recuerdo esta otra frase de Lutero, que también citaba Sebastián con satisfacción: «El diablo no tiene necesidad de oír todas las bellas melodías.»

Y yo creo que, tanto Lutero como mi marido, procuraron que no las oyese todas.

De la vida y de la muerte de nuestros hijos, del orgullo de la ciudad por la fama de Sebastián y de sus viajes artísticos.

NUESTRA familia no cesaba de aumentar y la cuna estaba constantemente ocupada, aunque, ¡ay!, la mano estranguladora de la muerte nos había arrancado de ella a alguno de sus pequeños ocupantes. Hubo tiempos, tengo que confesarlo, en que me parecía cruel llevar hijos en el vientre para perderlos luego y tener que enterrar amor y esperanzas en sus pequeñas tumbas, ante las que Sebastián y yo permanecíamos muchas veces silenciosos, cogidos de la mano. Pero siempre reaccionaba, presentía que esos pensamientos eran impíos y trataba de reprimirlos. La mayor de mis hijas, Cristina Sofía, no vivió más que hasta la edad de tres años, y también mi segundo hijo, Cristián Gottlieb, murió a la misma tierna edad. Ernesto Andrés no vivió más que pocos días, y la niña que le siguió, Regina Juana, tampoco había llegado a su quinto cumpleaños cuando dejó este mundo. Cristina Benedicta, que vio la luz un día después que el Niño de Belén, no pudo resistir el crudo invierno y nos dejó antes de que el nuevo año llegase a su cuarto día. ¡Qué gozo nos había producido el que nuestro nuevo vástago naciera el día de Navidad y qué turbio me pareció el Año Nuevo cuando Sebastián, con lágrimas en sus bondadosos ojos, se arrodilló junto a mi lecho y me dijo que la niña nos había ya dejado! Cristina Dorotea no vivió más que un año y un verano, y Juan Augusto no vio la luz más que durante tres días. Así perdimos siete de nuestros trece hijos, siendo esto un rudo golpe para nuestros corazones. Pero lo admitimos como una prueba a que nos sometía la Divinidad y quisimos más a nuestros hijos restantes. Cuando volvíamos a casa, tras el entierro de uno de nuestros hijos, y yo me sentaba triste y sin poder hacer nada, pues no podía acostumbrarme a aquellas despedidas, a pesar de que bondadosas mujeres de la vecindad trataban de consolarme diciéndome que el destino de todas las madres es traer hijos a este mundo para perderlos luego y que podía considerarme feliz si llegaba a criar la mitad de los que le hubiese dado a luz, Sebastián se sentaba a mi lado con un libro en la mano y me leía lo que dijo Lutero cuando perdió a su hija Magdalena ante su tumba: «Mi querida Magdalena, ¡qué feliz eres ahora! ¡Te levantarás de nuevo y brillarás como una estrella, como el mismo sol! ¡Qué extraño es, sin embargo, saberte feliz y estar triste!» Y luego me seguía leyendo lo que Lutero había escrito a un amigo: «Te habrás enterado de que mi queridísima hija Magdalena ha vuelto a nacer en el reino eterno de Nuestro Señor Jesucristo. Y, a pesar de que mi mujer y yo tenemos que dar gracias a Dios por su feliz partida, merced a la cual ha escapado al poder del mundo, de la carne y del demonio, nuestro natural amor es tan fuerte, que no podemos soportarlo más que con quejas y suspiros del corazón y con un amargo sentimiento de la muerte. La impresión que en nuestros corazones queda de su persona, de sus palabras y de sus gestos, mientras vivió y durante su agonía, es tal, que ni la misma muerte de Cristo consigue apartar de nosotros la angustia.»

Cuando leía esta carta, yo lloraba apoyada en el hombro de Sebastián y me sentía algo consolada.

Para que pudiésemos soportar esas pérdidas, estuvieron misericordiosamente repartidas en una serie de años y nos quedaban seis hijos con vida, que podían consolarnos de la muerte de los otros siete. Estuviésemos tristes o no, teníamos el deber de que nuestros hijos estuvieran alegres, pues la tristeza no sienta bien en los rostros de los pequeños.

Afortunadamente, tenía las labores de mi casa, y ese trabajo, tan necesario diariamente, me apartaba de mis penas. También Sebastián estaba de continuo ocupado en sus lecciones diarias en la Escuela de Santo Tomás, sus servicios en la iglesia y su producción musical.

Mientras el señor Gesner fue rector de la Escuela de Santo Tomás, las cosas, en todo lo referente al servicio de Sebastián, anduvieron bien y no tuvo ningún disgusto que turbase su tranquilidad. Trabajó mucho y compuso tantas cantatas, que ni yo misma he podido retenerlas todas. Era natural que fuese más fecundo estando su espíritu libre de preocupaciones extrañas.

Cuando tenía alguna diferencia con el Consejo o con el Consistorio —y todas las disensiones serias giraban alrededor de sus derechos de cantor— solía llegar a un estado de cólera apasionada y, lo que era peor, a demostrar la obstinación característica de los Bach. Yo intenté algunas veces convencerle de que no tenía que ser tan testarudo, sobre todo cuando algún asunto podía arreglarse cediendo un poco. Pero fue siempre inútil. Me daba un golpecito en el hombro, pues nunca descargó su cólera sobre mí, y me decía con suavidad: «¡Mi querida mujercita, eso es cosa mía y no tuya!» Pero, naturalmente, también a mí me importaba. ¿Y cómo no, si observaba la influencia perniciosa que esas discusiones tenían en su tranquilidad?

Cuando el señor Gesner dimitió el cargo y ocupó su lugar el segundo de los Ernesti, Juan Augusto Ernesti, cambiaron las cosas muy en nuestro perjuicio; y aquí tengo que hablar de un asunto que siempre recuerdo con profundo disgusto: la lucha de Sebastián con el rector, el Consejo y el Consistorio. Esta lucha duró casi dos años, y aunque Sebastián salió de ella triunfante gracias a la intervención del elector, esparció una nube sombría por toda aquella época, y creo que esas disensiones perjudicaron la salud de Sebastián mucho más de lo que él quería confesar. Cuando terminó la lucha, ya no volvió a entregarse de todo corazón a la escuela y a la vida musical de Leipzig, sino que se fue retirando cada vez más al encierro de su casa y a la soledad de su trabajo de composición.

Al principio, todo fue bien con el rector Ernesti. Era padrino de dos de nuestros hijos y mucho más joven que Sebastián, que, por la edad, hubiera podido ser su padre. Ésa habría sido una razón más para que tratase con respeto a su cantor, a pesar de ser oficialmente su superior. Pero la cuestión del director de coros Gottfried Teodoro Krause destruyó toda amistad y relación entre rector y cantor.

La raíz más profunda de todas estas dificultades consistía en que el nuevo rector sentía una profunda indiferencia por la música. Hasta parecía que, en su interior, despreciaba este arte; de lo contrario, no hubiera sido posible que dijese a los muchachos a quienes encontraba ensayando música: «¿Conque queréis convertiros en una murga de taberna?» Pero se hubiera podido pasar por ello si hubiese dejado la dirección de la parte musical de la escuela en manos de Sebastián. Mas esto era precisamente lo que no quería; intervenía en todos los nombramientos y ascendió al director del segundo coro a director del primero, lo que fue un paso muy grave; porque, como escribía Sebastián en su portesta dirigida al Consejo, el director del primer coro tenía que ser no solamente un hombre de carácter firme y con buena voz, sino disponer también de grandes conocimientos musicales, puesto que había de dirigir toda la parte musical cuando el cantor, por cualquier motivo, no pudiese estar presente.

De modo que la primera contrariedad se produjo por el director de coro Teodoro Krause, a quien Sebastián había encargado de vigilar a los más pequeños, que, en su mayoría, eran muy díscolos; sobre todo, Krause tenía que castigar severamente toda falta de comportamiento en la iglesia.

Durante una boda, los chicos que estaban bajo la vigilancia del señor Krause se portaron tan mal, que tuvo que reprenderlos severamente, y, al ver que esto no producía efecto, se decidió a repartir unos cuantos golpes; pero, como los chicos ofrecieron resistencia, los golpes fueron más fuertes de lo que se había propuesto. Cuando esto llegó a oídos del rector, se enojó mucho. A pesar del buen carácter de Krause y de ser un hombre culto que se preparaba para ingresar en la universidad, el rector lo condenó a ser azotado públicamente, ante toda la escuela. Sebastián, al enterarse de la dureza e injusticia de esa sentencia, se quedó como si le hubiese caído un rayo y quería recabar para sí toda la responsabilidad de Krause. Dos veces intentó que fuese anulada aquella sentencia ignominiosa; pero el rector no quiso rectificar la decisión que había tomado en un momento de cólera. El pobre Krause vino a casa para enterarse del resultado de las gestiones de Sebastián, y cuando éste se lo comunicó con cara sombría, el pobre se puso muy pálido y dijo: «Entonces, señor cantor, no me queda más solución que huir y dejar abandonada la escuela. No puedo soportar esa deshonra.» Y Sebastián tuvo que confesar que, en efecto, la única solución era la fuga, pues la sentencia no sólo había sido cruelmente vindicativa, sino que Ernesti llevaba su maldad hasta el punto de retener todos los objetos y los sueldos de Krause que todavía estaban en sus manos, los cuales no devolvió hasta recibir una orden terminante del Consejo.

Tales sucesos produjeron gran intranquilidad a Sebastián. No sólo se apenaba por Krause, sino que sentía la mortificación de que, en su cargo de cantor, le habían infligido una ofensa; y a partir de esa época ya no volvió a tener relación amistosa con el rector. Y esto no era más que el principio. El puesto que dejó libre Gottfried Krause se lo dieron a otro Krause, Juan. Sebastián no tenía buena opinión de este joven, y un día que, regresando de una boda en compañía del rector, hablaban de las cualidades de Krause para el puesto de director de coro, le dijo Sebastián que «era un perro de mala reputación». Ernesti hubo de reconocerlo así, hasta cierto punto; pero añadió que, no obstante, como Krause era un músico capaz, quería nombrarle director de coro, y Sebastián, a quien todo aquel asunto le repugnaba, no replicó nada. Así, al dejar Gottfried Krause el puesto libre, fue nombrado Juan Krause maestro del primer coro. Pero, como era de esperar, resultó inepto para el cargo, y Sebastián se vio obligado a rebajarle a subdirector de coro y nombró en su lugar al que hasta entonces había sido director del tercer coro, e inmediatamente, como era su deber, se lo comunicó al rector, explicándole las razones que había tenido para tomar esa medida. Al principio, Ernesti no se opuso a ese cambio; pero Krause, que se sentía ofendido, se presentó al rector, el cual le envió a ver al cantor. Sebastián se enojó mucho en aquella entrevista y, en un momento de cólera, dijo a Krause, con muy poca habilidad, como yo me temía, que lo había hecho descender a subdirector para enseñarle al rector cómo debía proceder en tales asuntos, en los que se había metido sin tener derecho. Como era de prever, Krause fue con el cuento al rector, el cual exigió una explicación a Sebastián. Y éste, en quien se había ido acumulando la cólera, le repitió al rector, sin suavizarlas, las mismas palabras.

Nunca olvidaré cómo vino Sebastián a casa aquella noche —hasta más tarde no me enteré con precisión de lo que había sucedido, a pesar de que siempre tuve el presentimiento de que el miserable Krause nos traería la desgracia—; se detuvo en el umbral del cuarto donde estábamos todos, y me pareció que, de pronto, había envejecido varios años. Dijo: «¡No habléis ahora conmigo, hijos míos; tendría que decir cosas de las que luego me arrepentiría! ¡Dejadme un rato solo!»

Creo que comprendía que se había colocado en una situación falsa al dejarse llevar por su temperamento de Bach, que, generalmente, sabía contener. Sin embargo, cuando el rector exigió que Krause volviese a ser nombrado director del primer coro, Sebastián no se opuso. Pero estaba sombrío y colérico, y Krause, desvergonzado, se las daba de triunfador, y se portó tan mal en el siguiente ensayo del coro, que dio una prueba más de su ineptitud para el cargo. Por lo cual,

Sebastián no vaciló en volverlo a su antiguo puesto. El rector declaró que si el cantor no le daba posesión de su cargo, se la daría él mismo el siguiente domingo. Sebastián guardó silencio, y el rector cumplió su amenaza y envió a Krause a nuestra casa para que se lo comunicase. Eso sucedió antes del oficio divino de la mañana. Mi marido se dirigió a casa del superintendente y le contó lo sucedido. Luego fue a la iglesia de San Nicolás, se llevó consigo al director de coros Küttler a la iglesia de Santo Tomás, echó a Krause del coro a la mitad de un himno y puso a Küttler en su puesto.

Yo creo que Sebastián no debió proceder de ese modo; no obró cuerdamente y se puso en contra de la razón. Fue la única vez en mi vida que me atreví a pensar que no había obrado con prudencia, pero la sangre y la obstinación de los Bach se habían irritado en él, y un hombre exasperado nunca es precavido.

Ernesti se encontraba, naturalmente, en la iglesia y fue testigo de aquel proceder violento. Después del oficio divino fue a ver al superintendente y consiguió ponerle de su parte. Luego se lo comunicó a Sebastián, y éste le respondió que en aquel asunto no cedería, costase lo que costase; y añadió que se quejaría por escrito al Consejo. Lo primero que ocurrió después, en aquel domingo funesto, fue que el rector, antes de las vísperas, se dirigió a la tribuna del órgano y, amenazándolos con los castigos más severos, prohibió a los cantantes del coro que obedeciesen las órdenes del cantor en lo referente al director de coros. Éste fue también su proceder vindicativo, fuera de toda ley; pues era un viejo derecho consuetudinario que todo lo relacionado con el coro y sus directores lo decidiese el cantor. Cuando Sebastián fue a vísperas y vio que Krause ocupaba otra vez el puesto de maestro del primer coro, lo agarró sencillamente por el cuello y lo llevó a empujones hasta la puerta. Pero los chicos del coro estaban tan atemorizados por el discurso del rector, que ninguno de ellos quería dirigir el motete, por temor a que les impusiesen el castigo con que los habían amenazado. Y el oficio de vísperas no hubiera podido continuar si, al fin, a ruegos de Sebastián, no se hubiese decidido a ocupar el puesto un antiguo alumno de la escuela de Santo Tomás, llamado Krebs. Unos días después entregó Sebastián al Consejo una memoria en la que exponía que «en el oficio divino de la tarde de ayer en la iglesia de San Nicolás, ninguno de los alumnos, por temor a ciertos castigos y para mi mayor humillación, se había atrevido a cantar y mucho menos dirigir el motete; la sacra hubiera quedado interrumpida si un antiguo alumno de Santo Tomás, ante mis ruegos, no hubiera accedido a ocupar el puesto en lugar de uno de mis discípulos. Como ya he hecho observar en mi memoria anterior, el nombramiento de los directores de coro, según los reglamentos y el uso establecido, no pertenece al señor rector, que se ha excedido en sus derechos y me ha ultrajado en mi cargo oficial».

Pero el Consejo no tomó en este asunto ninguna decisión, ni en favor ni en contra de Sebastián, sino que dejó correr las cosas, de modo que el asunto duró cerca de dos años y produjo entre el rector y el cantor una especie de estado de guerra que, naturalmente, tuvo influencia muy perniciosa en la disciplina de la escuela. Ambos, para descargar su cólera, escribían memorias al Consejo, y Ernesti se permitió decir contra Sebastián cosas tan feas, e inventadas con tanta desvergüenza, que no podían ofendernos. Afirmaba, por ejemplo, que Sebastián, que fue el hombre más correcto que ha existido, era corruptible, y que un viejo tálero danés había hecho, más de una vez, de un monaguillo un solista, que nunca hubiera llegado a serlo. Sebastián no hizo más que reírse despreciativamente cuando llegó a sus oídos tal infamia; pero, en su interior, sufría con aquella situación en que se veía envuelto por haberse metido el rector en sus atribuciones, y era uno de sus principios fundamentales el no ceder nunca cuando se trataba de defender sus derechos. Por ser un Bach, desaparecía toda posibilidad de llegar a un arreglo amistoso. «Yo tengo la vigilancia superior y la responsabilidad sobre el primer coro, y debo saber mejor que nadie quién es capaz y quién se amolda mejor a mis deseos —escribió una vez al Consejo—, y tampoco podré obtener éxitos con mis alumnos si se les impide que me obedezcan en todo lo relacionado con la música.» Y cerraba esa memoria con la súplica (que me conmovió profundamente, pues viniendo de él adquiría un acento patético) de que se exhortase a los alumnos para que le demostrasen el respeto y la obediencia a que tenía derecho, para ponerle así en condiciones de poder cumplir las obligaciones de su cargo.

Pero, como ya he dicho, el Consejo no tomó ninguna decisión en toda la disputa, y así se fueron alargando las cosas hasta que Sebastián, en su desesperación, se dirigió a la corte de Dresde, de donde poco antes le habían mandado el nombramiento de «compositor de la corte», que había solicitado tres años atrás, y cobró valor para acercarse al elector mismo, con el ruego de que le permitiese explicarle la verdadera causa y situación de la contienda y rogarle no consintiera que siguieran usurpándole sus derechos de cantor. Para la feria de Pascua del año 1738, el elector en persona vino a Leipzig. Sebastián hizo la visita protocolaria a su príncipe protector y organizó en su honor un concierto vespertino que fue muy bien acogido. Cuando las autoridades de la Escuela de Santo Tomás vieron el favor que Sebastián gozaba con el príncipe, fueron cesando automáticamente las pequeñas molestias que le habían mortificado durante tanto tiempo.

Es indudable que, en la cuestión principal de aquellas larguísimas desavenencias, Sebastián tenía razón y que la costumbre y la tradición estaban de su parte. Pero, en mi sentir, al principio, con su violencia y su actitud provocadora, fue perdiendo un poco la razón. Mas, cuando se piensa en cómo se atrevieron a tratar, a pesar de la neutralidad del Consistorio, a quien tenía ya una fama inmensa, y cómo al que ya llamaban «la gloria de Leipzig» osaba corregirle un hombre tan insignificante en cuestiones musicales como Ernesti (que le abandonaba a la desvergüenza de un jovenzuelo mal reputado como Krause, por lo que se atrevió con él toda la irrespetuosidad y desobediencia de los alumnos), se comprenderá mejor la actitud que adoptó. Este asunto me hizo ver con dolor el derroche que suponía dedicar a Sebastián a maestro de aquellos chiquillos mal educados. Aquellas lecciones las podían dar otros muchos, pero, en cambio, lo que Sebastián producía no podía hacerlo nadie más que él.

Todo esto no pudo menos de dejar huellas en Sebastián. Esa irritación continua por disgustos nimios le había envejecido y le hizo apartarse cada vez más de la sociedad, retirarse por completo a su casa. Siempre había sido para él la mayor felicidad hacer una vida tranquila y casera, que le permitía un trabajo constante y sin molestias, y cada vez se fue retirando más de los asuntos públicos de Leipzig. Sus hijos, sus alumnos particulares —algunos de los cuales ardían de indignación por el trato irrespetuoso a que sometían a su adorado maestro y que pedían nada menos que les sirviesen en una fuente la cabeza de Ernesti— y yo misma, hacíamos todo lo posible para cerrar con nuestro respeto y sumisión cariñosa las heridas que producían en su alma los rozamientos con las miserias del mundo. Su carácter no era muy bueno y sentía con frecuencia, en el fondo de su ser, cosas que no dejaba salir nunca al exterior o, cuando más, las expresaba solamente a las personas más próximas a su alma. Más de una vez, en aquellos larguísimos meses, al ver arrugarse las comisuras de su boca y cómo se inclinaba su cabeza de gigante, deseaba que nos hubiésemos marchado a Rusia o a cualquier otro lugar del globo terráqueo, donde la gente hubiese apreciado un poco su grandeza y no hubiera sido tan cruel en el descubrimiento de sus faltas.

Pero, gracias a Dios, en aquellos tiempos, junto a tantas cosas desagradables, sucedieron también algunas muy gratas. Cuando Sebastián recibió el título de compositor de la corte fue a Dresde y, el día 1 de diciembre, de dos a cuatro de la tarde, tocó en el nuevo órgano que Silbermann había construido para la «Frauenkirche». Estaban presentes muchos músicos eminentes y otras personas distinguidas, entre las que se encontraba el embajador ruso, conde de Kayserling, que le escuchó con la mayor admiración. Después de tan grandioso concierto, volvió a Leipzig para verse citado por el Consejo, que le reprochó el que un chico del coro hubiese cantado en tono muy bajo un himno y le amonestó para que aquello no volviese a suceder.

El conde de Kayserling, gran amante y conocedor de la música, llegó a ser uno de los más ardientes admiradores de Sebastián y venía algunas veces desde Dresde para verle y oírle. Por su mediación, Juan Goldberger se hizo alumno de Sebastián y fue un discípulo extraordinario, que pronto adquirió fama gracias a un trabajo incesante y a la habilidad, facilidad y ligereza de sus dedos, verdaderamente asombrosas. Para este alumno escribió Sebastián el *Aria con treinta variaciones,* que es una verdadera prueba para el ejecutante y tan difícil, que son muy pocos los pianistas que pueden tocarla. El tema para dicha aria se le ocurrió a Sebastián al componer la zarabanda en *sol* mayor que incluyó en mi cuaderno de música. Esta composición la escribió para Goldberger a petición expresa del conde de Kayserling, para que se la tocase en las noches de insomnio producidas por la melancolía, que solamente la música podía disipar. Nunca se cansaba de oír las variaciones, y por esa composición hizo a Sebastián el regalo verdaderamente espléndido de una tabaquera, a la que acompañaban cien luises de oro.

Pero los regalos y elogios de los grandes no eran los únicos homenajes que recibía Sebastián. A él le alegró tanto, si no más, el humilde tributo de un colega, Andrés Sorge, músico de la villa y de la corte del conde de Reuss, que le dedicó algunas piececitas compuestas para clavecín, con las palabras: «Al príncipe de todos los clavecinistas y organistas», y seguía diciendo: «El gran poder musical de Vuestra Excelencia está acrecentado por su virtud admirable, su bondad y su amor al prójimo...»

Creo haber dicho ya lo hospitalario que era Sebastián. Nuestra modesta mesa estaba siempre puesta para todos los que venían a Leipzig a oír con amor la música de Sebastián, lo mismo si eran hombres célebres que pobres estudiantes. También prodigaba constantemente sus conocimientos, su experiencia y la belleza de su ejecución musical. Entre los que nos visitaban con más frecuencia se encontraba el director de la Ópera de Dresde, el señor Hasse, célebre compositor, y su esposa, la gran cantante Faustina Bordoni.

La señora de Hasse era una dama alegre y siempre muy bien vestida, de carácter bondadoso y muy entusiasta de la música de Sebastián; con su voz potente, interpretaba admirablemente algunas de sus composiciones. Su compañía y la de su esposo nos eran muy agradables tanto a mí como a Sebastián. Sin embargo, un día, cuando el matrimonio se marchó me dijo mi marido: «Tengo siempre la impresión de que, cuando la señora de Hasse está aquí, mi querida Magdalena queda un poco arrinconada.» He de confesar que yo experimentaba la misma sensación. Esto debía proceder de que las personas que han viajado mucho, han visto mundo y han cosechado en todas partes fama y honores, como la señora de Hasse, en cualquier lugar en que se encuentren parecen ocupar más espacio que los demás. Pero a mí me gustaban mucho los dos, porque admiraban a mi marido, y el señor Hasse era un hombre con el que me complacía hablar no solamente por ser un gran compositor de óperas, sino, sobre todo, porque era un hombre culto y sin prejuicios, y nunca hablaba despreciativamente de otros músicos, en lo cual se parecía a Sebastián, como también en que nunca sentía envidias profesionales. Sebastián iba con frecuencia, acompañado por Friedemann, a Dresde, donde estaba seguro de ser recibido con la mayor consideración. Le causaba gran alegría, para variar así a veces de su música sagrada, oír alguna ópera, y cuando sentía ese deseo, solía decir a su hijo: «Friedemann, ¿qué te parece si nos fuésemos al teatro a oír unas cuantas lindas canciones y arias?» Yo me alegraba mucho cuando veía a padre e hijo hacer los preparativos para una de aquellas excursiones, porque Sebastián volvía siempre de esos viajes más fresco y de mejor humor. Asistió así al estreno de la ópera de Hasse *Cleófides,* en la que trabajaba también la señora de Hasse. Al día siguiente, 14 de septiembre de 1731, tocó Sebastián el órgano en la iglesia de Santa Sofía, ante un público selecto, compuesto en su mayoría por músicos notables. Cuando Friedemann, en 1733, fue nombrado organista de Dresde, tuvo Sebastián una excusa más para visitar con frecuencia la ciudad maravillosa, pues quería a Friedemann más que a nadie. Algunas veces era yo quien le acompañaba en sus viajes, en lugar de Friedemann; pero no podía hacerlo con frecuencia, pues era muy difícil verme libre de los cuidados de la casa; y cuando los niños fueron mayores y no me necesitaban tanto, ni Sebastián ni yo teníamos ya ganas de viajar. En 1732 fue invitado Sebastián a ir a Cassel para probar el órgano, que acababa de ser sometido a unas reparaciones que habían durado dos años. A ese viaje me llevó con él, y el Ayuntamiento de la ciudad nos recibió con amabilidad extraordinaria. Le dieron a Sebastián cincuenta táleros por probar el órgano y, además, veintiséis táleros para gastos de viaje. También nos pagaron los de alojamiento a todo lujo y con un criado al servicio exclusivo de Sebastián. Esos días fueron para mí las vacaciones más encantadoras y felices. Olvidé las preocupaciones y trabajos de mi hogar; llevé mis dos mejores trajes, uno de color oscuro, y azul el otro; fui a todas partes con mi esposo; presencié todos los honores que le prodigaron; le oí tocar en varios órganos; admiré la hermosa ciudad, con sus vistas maravillosas, y, como Sebastián me dijo sonriendo, tuve la sensación de que éramos recién casados, a pesar de que llevábamos ya once años de matrimonio.

Cada miembro de la extensa familia de los Bach,

ya viniese de Erfurt, de Arnstadt, de Eisenach o de cualquier otro punto de Sajonia, estaba seguro de ser bien acogido bajo el techo de Sebastián. Educó a su sobrino Bernardo, hijo de su hermano mayor, que le había educado a él, y ningún Bach le pidió inútilmente su ayuda. Su primo Juan Elías Bach, que era entonces cantor en Schweinfurt, estudió durante una temporada en Leipzig y fue huésped querido en nuestra familia. Algún tiempo después de su marcha nos envió, como prueba de agradecimiento, un barril de vino. Pero, al abrirlo, nos encontramos con que había desaparecido la tercera parte. «Es verdaderamente lamentable —dijo Sebastián contemplando melancólicamente el barril medio vacío—; hay que llorar por cada gota que se pierda de este regalo de Dios.» El primo nos había prometido para más adelante el envío de otro barril; pero Sebastián calculó que, después de pagados los portes del barrilito medio vacío, le salía el litro de vino casi a cinco *groschen* (1). «No —dijo, una vez hecho el cálculo—, cinco *groschen* por una medida es demasiado; no volveremos a recibir vino de Schweinfurt. Es un regalo demasiado caro. Escribiré a mi querido primo dándole las gracias por su bondad y su regalo, y le rogaré que no nos haga más envíos.»

Por necesidad y por costumbre, heredada por todos los miembros de la familia Bach, era muy económico. Sólo recuerdo una ocasión en que malgastó cierta suma de *groschen* en una broma musical. Durante algún tiempo se encontró con un grupo de mendigos que se le acercaban con el mismo ruego, ascendiendo sus voces en un *crescendo* de súplicas en el que Sebas-

---

(1) *Groschen:* moneda fraccionaria, equivalente a la décima parte del marco oro. — *N. del T.*

tián pretendía discernir ciertos intervalos musicales. Hizo a menudo como si fuera a darles algo, aparentando luego que no llevaba dinero encima, con lo cual el griterío de los pobres se hacía penetrante. Les tendía entonces una pequeña limosna, calmando así un poco la plañidera queja. «Pero —dijo Sebastián al contarnos el hecho— quiero probar si una limosna mayor disminuiría progresivamente esas quejas hasta su extinción completa.» Cuando volvió a encontrar al «cuarteto de mendigos» —así llamaba a aquel grupo de vagabundos—, les dio tan espléndida limosna, que, con gran diversión suya, vio que el concierto disonante de lamentaciones se fue apagando en la forma musical que había supuesto.

Sebastián hizo también mucho por un amigo de los tiempos de Leipzig, Cristián Henrici, que, con el seudónimo de «Picander», escribió la letra de una serie de cantatas y salmos. Los escritos profanos de ese «Picander» no gozaban de muy buena fama cuando Sebastián lo conoció; pero éste comprendió que el joven tenía talento. «Picander» contaba quince años menos que Sebastián, y, como éste necesitaba de un libretista para su música, aceptó su cooperación. «Picander» demostró que servía, a pesar de cierta rudeza y vulgaridad de su espíritu, pero supo comprender los deseos de Sebastián, se hizo su admirador y amigo y escribió la poesía religiosa que mi marido necesitaba. Una vez dijo a Sebastián que muchos de sus amigos se reían al verle ocuparse de arte místico, pero que no por eso había que creerle indiferente a la religión. Consideraba justo ofrecer al Creador los frutos juveniles del espíritu y no reservarle solamente los restos que quedasen en la vejez, si es que se llegaba a ella. Escribió un libro de cantatas, y decía en el prólogo que las había hecho «para gloria de Dios y para satisfacer el deseo de buenos amigos. He emprendido esta tarea —seguía diciendo en dicho prólogo— con la esperanza de que su falta de encanto poético será corregida por la deliciosa música del incomparable maestro de capilla Bach y de que será ejecutado en las iglesias de la piadosa Leipzig».

«Picander» era asimismo un buen músico, lo que hacía más fácil su colaboración con Sebastián, y también fue nombrado miembro de la «Asociación Musical» cuando ésta se hallaba bajo la dirección de mi marido.

Siempre presentí que la influencia inconsciente de Sebastián, su rectitud y su amor por todo lo bello y justo ejercían un efecto extraordinario en el modo de ser de Cristián Henrici. Quien conocía a Sebastián se transformaba de una manera extraordinaria; al oír su música, sentía el impulso de ser bueno. Ya he dicho que las lisonjas no le producían a Sebastián gran alegría, pero una vez creo que se alegró de todo corazón cuando, después de la ejecución de una cantata, se le acercó un estudiante y le dijo: «Después de oír esta música siento que, por lo menos durante una semana, no podría hacer nada malo.» Yo tuve la sensación de que esas palabras llegaron a lo más profundo del corazón de mi marido y le afectaron más que el elogio del músico más inteligente.

Una ocupación a la que Sebastián dedicaba parte de sus ratos libres era el reunir lo que él llamaba «el archivo de los Bach»; consistía en una especie de árbol genealógico y una colección de informes y composiciones de diversos miembros de la familia. Tenía un gran amor a ésta; para él, un Bach no era semejante a los demás hombres, sino un ser al que le ligaban los invisibles lazos de la común ascendencia y la igualdad de gustos.

Las letras del apellido Bach eran ya un tema mu-

El castillo de la corte en Köthen.

Apenas llegó a Potsdam, Sebastián recibió la orden de presentarse ante el rey, y le rogó que les proporcionase, a él y a la corte, el placer de oírle tocar uno de aquellos instrumentos.

Primera página autógrafa de la «Pasión según San Juan».

sical, como había observado Sebastián, sonriéndose, al componer una fuga sobre ese tema (1).

Cuando fue haciéndose viejo, sus pensamientos volvían con frecuencia a los lugares en que había pasado los primeros años de su vida, Eisenach, Erfurt y Arnstadt. Una vez emprendió también un viaje a Erfurt y tuvo una entrevista cariñosa con un pariente del linaje de los Bach, que oyó hablar lleno de orgullo de las obras y hechos de Sebastián, y de la que regresó muy satisfecho. Naturalmente, este sentimiento de amor a la casta tenía su más claro exponente en la abnegación con que se dedicaba a su familia, a sus hijos, que iban creciendo bajo su techo y de cuya educación se preocupaba incesantemente. Cuando los hijos mayores empezaron a dejarnos para ir a probar fortuna por esos mundos, les seguía dedicando tanto interés como si se sentasen todavía a nuestra mesa y él siguiese tocando para ellos, en sus horas libres, los conciertos en *re* menor y en *do* mayor que había compuesto para tres clavicordios. Durante esos conciertos se mostraba completamente feliz, porque Friedemann y Manuel eran tan perfectos ejecutantes, que casi le alcanzaban a él, de quien todo lo habían aprendido. La música fluía con suave precisión de sus tres pares de manos, y, al llegar a determinados trozos de belleza especial, Manuel miraba a Friedemann con expresión de felicidad, o Friedemann sonreía satisfecho a su padre. Yo los miraba a los tres y pensaba que Sebastián era el padre de los ejecutantes y el de la música, y le admiraba, como siempre que mis pensamientos se encaminaban a su persona. En todos los años de nuestro matrimonio jamás pude acostumbrarme por completo a

---

(1) En alemán, las notas musicales están representadas por letras. — *N. del T.*

él; siempre había en mi corazón un sentimiento de asombro ante algo extraordinariamente grande que no podía comprender ni explicar, algo que para la demás gente de Leipzig, aun para sus propios hijos, a pesar de la admiración que por él sentían, parecía pasar inadvertido. En el fondo de mi alma conservaba yo ese sentimiento, como una especie de suave temor que ni aun nuestro mutuo cariño pudo jamás arrojar de allí. Sebastián fue siempre demasiado grande para que yo lo pudiese abarcar —ya lo noté desde nuestro primer encuentro—, a pesar de que me envolvía realmente en su amor y de que el vivir junto a él había llegado a ser para mí una necesidad elemental. Me era imposible imaginarme el mundo sin él, salvo en alguna pesadilla, de la que despertaba con un estremecimiento al sentirme sola. Me sucedió eso desde el momento en que le conocí, y la muerte me hizo ver, con su cruel realidad, que el mundo había quedado vacío para mí.

¡Pero a qué ideas más tristes me he deslizado desde el feliz recuerdo de Sebastián haciendo música con sus dos hijos! Éstos dejaron pronto nuestro techo para ganarse la vida por el mundo con el arte que habían aprendido de su padre. Friedemann fue organista de la iglesia de Santa Sofía, de Dresde, y su música le parecía a su padre tan hermosa, que la copiaba por su propia mano. Sebastián tenía una gran opinión de las facultades creadoras de sus dos hijos mayores; consideraba sus composiciones de tanto mérito como las propias y las hizo publicar juntas. Así, la sonata para piano, de Friedemann, se podía obtener en casa del autor, en Dresde; en casa de su padre, en Leipzig, y en la de su hermano, en Berlín; y los seis corales de Sebastián a tres voces se adquirían en Leipzig, en casa del maestro de capilla Bach; en casa de sus hijos, en Berlín y en Halle, y en la del editor, en Zella.

Friedemann fue durante trece años organista en Dresde y pasó después a la iglesia de Santa María de Halle, cuya dirección musical había tenido hasta entonces el señor Zachau, organista célebre, que había sido maestro de Haendel. Este nombramiento produjo gran alegría a Sebastián, pero fue causa de un suceso desgraciado que le causó gran pena y le amargó los últimos años de su vida. Friedemann recibió el encargo de escribir una composición musical para una fiesta de la Universidad de Halle, por la que le prometieron la suma de cien táleros. Friedemann adaptó el texto a una música que Sebastián había escrito mucho antes para una Pasión; porque —este hecho amargo no llegó a nuestro conocimiento hasta más tarde— había bebido tanto, que no tenía las ideas claras para poder componer. Por eso se dedicó a coger la música de su padre, y la hizo ejecutar como suya, con gran éxito. Si no hubiera sido por la casualidad de hallarse presente alguien de las cercanías de Leipzig que reconoció la música al instante, nadie lo hubiera descubierto; pero salió el asunto a plena luz y, naturalmente, no le pagaron a Friedemann los cien táleros. Esta desilusión causada por su hijo favorito le dio al padre, en Leipzig, un golpe muy rudo en el corazón; y, sin embargo, siempre adoptó una actitud benévola ante el hecho: «Tiene talento suficiente para escribir la música que quiera. Para nada necesita de la mía, y, si no fuese por la maldita bebida, nunca se le hubiera ocurrido esa idea. ¡Pobre Friedemann!»

Realmente era un «pobre» Friedemann. ¡Un hombre con tanto talento, entregándose cada vez más a las pasiones y a la bebida! ¡Pobre Friedemann, que reñía con todo el que se le acercaba y que abandonó a su mujer y a su pequeña hija! Me alegro de que Sebastián no viviera ya en ese último período de la vida de su hijo predilecto. Friedemann, en el linaje de los Bach, me parecía un hijo clandestino introducido por el demonio y que no se parecía a ninguno de los suyos, salvo en su música, que brilló en su vida como oro entre cenizas.

Manuel, al que su padre tuvo al principio la intención de hacerle estudiar Filosofía y Derecho, ardía de tal modo en la pasión de los Bach por la música, que no tuvo más remedio que seguir las huellas de su padre, lo que hizo con aplicación y resultados maravillosos. Su carrera siguió una curva ascendente, tranquila y regular. A la edad de veintiséis años entró al servicio del muy musical rey Federico de Prusia, cuando éste no era todavía más que *kronprinz,* y es hoy todavía el primer acompañante de su real señor. Contaba muchas veces, con gran orgullo, que después de la subida del *kronprinz* al trono, había tenido en Charlottenburgo el alto honor de acompañar al nuevo rey en su primer solo de flauta. Por el puesto oficial de Manuel en la corte de Prusia pudo Sebastián tocar su música ante el rey, que sabía comprenderla y apreciarla.

El tercer hijo de Sebastián, Bernardo, fue organista de Mulhausen, en el mismo puesto que, muchos años antes, había ocupado su padre. Cuando Sebastián se enteró de que había allí una vacante de organista, escribió una carta al Consejo en la que le pedía su apoyo «para que se realizasen sus deseos y su hijo fuese feliz». Pero el pobre Bernardo no vivió mucho; peregrinó por el mundo y, durante algún tiempo, ni siquiera supimos dónde estaba, lo que nos causó honda pena. Contrajo muchas deudas y murió en Jena.

De los tres hijos de Sebastián y míos, dos de ellos

se hicieron músicos, y el tercero, que era el que le causaba mayores satisfacciones, a pesar de ser todavía un niño, le consoló de la ausencia de los demás y casi llegó a ocupar en su corazón el lugar de Friedemann; era el menor de nuestros hijos, Juan Cristián. Tenía quince años cuando Sebastián murió, y a él le dejó tres de sus mejores clavicordios. Sebastián había llegado ya a los cincuenta años cuando nació Juan Cristián, y desde los primeros días sintió un amor especial por ese niño, cuyo talento era tan brillante como pudiera serlo el de cualquiera de sus otros hijos, siendo a la vez vivaz, amable e inteligente. Desde que echó a andar seguía a su padre a todas partes como un perrito, le tiraba de los faldones y le pedía constantemente que le diese lecciones de música y papel pautado. Fue para Sebastián la alegría de su corazón y el consuelo de sus ojos, y yo sentía un placer especial al verlos juntos. La vida trae bastantes desilusiones, y algunas de ellas nos las causan los hijos; mas nuestro Juan Cristián fue un verdadero don de Dios y trajo a la vida declinante de su padre una luz nueva con su juventud, su amabilidad y su talento. Sebastián, en el curso de su existencia, condujo a muchísimos jóvenes por el complicado laberinto de la música, pero no creo que dirigiese a nadie con mayor alegría que a su benjamín.

Nuestra gran familia de trece hijos nos iba dejando poco a poco. Muchos murieron, como ya he contado, antes de salir de la niñez; otros pasaron de esa edad, llegaron a adolescentes y dejaron la casa del cantor de Leipzig para buscar fortuna por el mundo. En nuestros últimos años, de la familia que vivía en casa no quedábamos más que Sebastián y yo, la hija mayor de Sebastián, Catalina Dorotea, y mi hijo mayor, Godofredo, que, aunque del todo desarrollado físicamente, había quedado débil de inteligencia, a pesar de que tenía ciertas ocurrencias musicales, repentinas como un relámpago, como si poseyera un gran genio musical que, por causas extrañas, no se hubiese podido desarrollar. Vi con frecuencia a su padre sentado al clave junto a él y con lágrimas en los ojos, cuando Godofredo, a su manera desordenada pero emocionante, improvisaba al clave, y los demás hijos que todavía estaban en casa, la preciosa Lieschen (1), Cristián, Juana y Susanita, escuchaban asombrados.

Catalina Dorotea, siempre cariñosa, amable y trabajadora, fue una gran ayuda para mí en el cuidado de la casa. Era muy reservada con todos los extraños y sólo mostraba su amabilidad en familia. Amaba a su padre con una violenta pasión que pocos hubieran podido sospechar bajo su apariencia tranquila y suave. Cuando un abogado joven y de gran porvenir nos pidió su mano, se negó terminantemente a aceptar, aunque sintiendo mucho causarle esa pena. Yo procuré influir en su decisión explicándole las ventajas de aquel enlace. «Tú puedes decirme esas cosas —me respondió— porque estás casada con mi padre. Pero ese señor abogado no es como mi padre, no tiene ninguna inclinación a la música, ni siquiera sé si llega a estimar las composiciones de papá, y, sobre todo, no le amo. Además —y al llegar aquí se echó a llorar con una violencia que nadie hubiera sospechado tras su reserva habitual—, no podría abandonar a papá, no podría vivir lejos de él! ¡Tú, mamá, deberías comprenderlo!» Lo comprendí y no insistí. Sebastián, con su bondad habitual, tampoco hizo uso de su autoridad paterna, y se limitó a decir: «Deja que la chica haga lo que quiera.

---

(1) Diminutivo cariñoso de «Isabel». — *N. del T.*

Nunca me ha parecido bien forzar la inclinación al matrimonio.»

Conforme los años iban pasando, las preocupaciones de la casa iban siendo cada vez menores para mí, pues Catalina e Isabel eran buenas y trabajadoras y me ayudaban mucho; por tanto, de cuando en cuando me quedaban ratos libres para poder dedicarlos a Sebastián, y volvíamos a disfrutar un poco de la tranquilidad de nuestros primeros años de casados. ¡Qué alegría experimentaba yo cuando nuestras visitas se marchaban y volvía a estar a solas con Sebastián! Luego llegaban las horas, por mí tan deseadas, en que Sebastián cogía un libro y leía para mí con su voz profunda y bien entonada. Le oí leer la mayor parte de las *Conversaciones de sobremesa,* de Martín Lutero, que a él le causaban un placer extraordinario; leía con frecuencia la siguiente frase: «Cuando la música natural es elevada y espiritualizada por el arte, puede el hombre reconocer hasta cierto punto (totalmente es imposible) la perfecta sabiduría de Dios en su maravillosa creación musical.» Después de leerme éste o algún otro pensamiento parecido de Lutero, solía dejar el libro, mirarme y decir: «¿No es maravilloso, Magdalena, que tú y yo, por medio de este libro, podamos hablar con Lutero, preguntarle su opinión y obtener su respuesta? ¡Con cuánta consideración debemos tratar los libros que contienen toda la sabiduría del pasado!»

Él mismo cuidaba su biblioteca con la mayor atención, y sus libros eran un consuelo que le ayudaba a olvidar todas las pequeñeces y discordias del mundo exterior. Olvidaba las travesuras de los alumnos de la Escuela de Santo Tomás y los disgustos que le causaban en cuanto leía la *Historia de los judíos,* del sabio Josephus; *Tiempo y eternidad,* de Geyers, o *Sobre las lágrimas de Jesús,* de Rambach. También hallaba especial consuelo en los *Sermones,* del buen fraile dominico Juan Tauler, de Estrasburgo, que vivió muchos años antes que nosotros. Creo que Sebastián tuvo la idea de adquirir este libro al leer las siguientes palabras de Lutero: «Si sientes placer en la lectura de un libro de ciencia divina profundo y puro, lee los *Sermones* de Juan Tauler, el dominico. En ninguna parte, tanto en lengua latina como en alemana, he encontrado una teología más saludable o más de acuerdo con el Evangelio. Ese libro nos muestra que la mejor erudición de nuestros tiempos ni siquiera es de cobre, sino de hierro malo, comparada con el oro de la ciencia verdaderamente santa.»

Ese libro me leía algunas veces Sebastián, para mi consuelo, sobre todo los domingos por la noche, cuando el alma está tranquila e inclinada a las cosas espirituales. Algunos trozos le gustaban extraordinariamente y me los leía con tanta frecuencia, que llegué a retenerlos en la memoria; por ejemplo, el siguiente:

«¿Cómo sentir que estamos dirigidos por Dios? Mirando con atención hacia dentro y viviendo tranquilamente en el interior de nuestra morada, de modo que el hombre se pruebe a sí mismo en su corazón y renuncie a esa incesante persecución de las cosas exteriores. Si procede así aquí abajo, verá claramente lo que debe hacer en su morada, lo que Dios le pide en ella sin medios de asistencia y, fuera, con ayuda de tales medios. Después debe entregarse a la dirección de Dios y seguirlo por donde quiera conducirle, ya sea a la contemplación o a la acción, ya al rebaño de los penitentes o a las filas de los que gustan ornar Su casa con su presencia en sus tribulaciones y en sus alegrías. Y si alguna vez no siente la mano de Dios en su corazón y en todas las cosas, que se abandone a su divina voluntad y continúe siguiéndole, aunque privado del sentimiento de Su presencia, teniendo siempre ante los ojos el ejemplo tan rico de amor de Nuestro Señor Jesucristo.»

Universalidad de la música de Bach: de las cantatas profanas a las Pasiones.

DEBO dejar un poco de espacio en mi pequeña crónica para tratar de la música de Sebastián, la cual he olvidado un tanto al hablar de él y de su vida, a pesar de que en mi corazón y en mi alma él y su música están indisolublemente unidos. No puedo concebir a Sebastián sin su música, como tampoco concebiría que otra persona la hubiera escrito. Comprendo que sería necesario redactar un tratado sobre su arte, pero no soy yo la designada para esa tarea. Solamente podría llevarla a cabo una personalidad capacitada, como el señor Marpurg o el señor Quantz; mas puedo decir algo sobre el efecto que su arte producía en quienes lo escuchaban.

Cuando intento enumerar las obras que Sebastián compuso durante su vida, me quedo asombrada de la cantidad. Música para órgano, música de cámara, centenares de cantatas de iglesia, la gran misa latina, las cinco diferentes versiones musicales de la Pasión de Nuestro Señor según los Evangelios, los conciertos de violín, el *Oratorio de Navidad,* el *Clave bien temperado,* todas las *suites* y demás música para clave... Cuando las evoco, algún aria encantadora, una fuga para órgano o un trío se pone de pronto a cantar en mi cabeza, por ejemplo: *Mi corazón siempre fiel; Prepárate, Sión;* una melodía de órgano, como la introducción del precioso *Pasacalle,* o la grave y encantadora *Canzona* en *re* menor, y, sumergida en tanta belleza, no puedo seguir escribiendo. El que creó todo eso nos ha dejado, a pesar de que los que le amamos podemos pronunciar las palabras divinas: «Muerto, sigue hablando.» Tengo la profunda convicción de que vivirá mientras viva su música. Ya sé que existen ahora nuevas corrientes musicales, y que los jóvenes las siguen, como siguen siempre todo lo nuevo; pero cuando envejezcan, si son verdaderos músicos, volverán a Sebastián. Haciendo abstracción de que soy su mujer, o, mejor dicho, ¡ay!, su viuda, entiendo de música lo suficiente para saber que así sucederá, aunque ahora, a los pocos años de su muerte, sus obras están casi olvidadas y se prefieren a las suyas las composiciones de sus hijos Friedemann y Manuel. Ahora no es más que el «viejo Bach», la «vieja peluca». ¡Me parece que el respeto se ha ido de este mundo con él! ¡De qué manera tan distinta hablábamos en nuestra juventud de nuestros maestros!

Sebastián jamás siguió ninguna moda. En el curso de su vida y en la época de su desarrollo artístico y de su madurez estudió todas las formas de su arte y, con una perseverancia inflexible, siguió su impulso interior, que le impelía a descubrir la verdadera estructura y la importancia de la música. Pero, en todo lo que compuso, sólo siguió la inspiración de su genio, sin guardar ninguna consideración a las opiniones de sus contemporáneos. Eso explica por qué se abandona o no se comprende parte de su música. «Yo creo que escribirías la misma música aunque todos los hombres fuesen sordos», le dije una vez. «Es muy posible —me respondió sonriente—. Además, muchos de ellos lo son, pero tal vez algún día lleguen a oír. Como escribo para placer mío, no puedo enfadarme porque mi arte no guste a todos.» Nunca noté que le interesara mucho saber lo que la gente pensaba de él. Lo único que le importaba era el juicio de un círculo muy reducido.

Mientras escribo esto, llega a mis manos, gracias a la bondad de Gaspar Burgholt, una descripción del carácter musical de mi esposo, descripción que refuerza todo lo que he dicho de su grandeza y que voy a copiar aquí con profunda satisfacción: «Juan Sebastián Bach era un genio de primera categoría y de tan rara cualidad que pasarán siglos antes de que aparezca otro semejante. Tocaba el clavecín, el piano, el címbalo y todos los instrumentos de teclas con igual virtuosidad, y nadie dominaba el órgano como él. ¿Quién será el organista que llegue a igualarle? Tenía unas manos formadas de una manera extraordinariamente propicia para su arte; podía abarcar con la izquierda doce teclas y tocar a la vez notas rápidas con los tres dedos intermedios. Manejaba el pedal con precisión, seguridad y rapidez, y sacaba los registros con tal calma y silencio, que los oyentes no lo notaban y se quedaban sorprendidos por aquellas combinaciones de tonos tan puras y armoniosas. Sus infatigables manos podían tocar el órgano un día entero. Le eran tan familiares los estilos graves como los humorísticos. Era un virtuoso y un compositor. Tenía tal riqueza de ideas, que solamente su hijo mayor podía comparársele, y, por si esto fuera poco, tenía desarrollado de una manera asombrosa el don de enseñar a los demás.»

En su juventud escribió Sebastián un *Capricho* con motivo de la partida de su hermano mayor Juan Jacobo, y en nuestros conciertos familiares tocábamos con frecuencia esa pieza para divertirnos, pues es muy graciosa y a los niños les gustaba mucho la fuga para la trompa de posta, mientras que el «lamento» por el hermano, al que no habían podido convencer para que se quedase en casa, era una melodía difícil de olvidar. Sebastián se ponía siempre muy alegre cuando tocábamos esa composición de su juventud, y una vez nos dijo que, al oírla, le parecía volver a los años juveniles en que la escribió.

La mayor parte de su música es religiosa; pero, como ya he contado, en Cöthen escribió mucha música de cámara; mas, aparte el citado *Capricho,* compuso muy pocas cantatas mundanas. Las más importantes son las de los *Aldeanos,* la del *Café* y la de *Febo y Pan.* Después, algunos dramas musicales compuestos para el cumpleaños de varios personajes, unas cuantas cantatas nupciales y la encantadora *Canción de primavera,* escrita para solo de soprano y que yo cantaba con bastante frecuencia en casa, a petición de Sebastián. Para mí y para mi voz escribió también una canción religiosa del domingo de septuagésima, *Estoy gozosa.* Cuando la canté me dijo, con su habitual bondad, que las palabras del título me iban muy bien a mí. «¿Cómo no, siendo tu mujer?», le respondí. Yo sabía cuál era la causa de mi gozo interior, pues conocía sus profundas raíces.

Como la mayoría de las cantatas de Sebastián tratan de temas graves y espirituales, los que no le conocían a conciencia se quedaban sorprendidos al ver que también componía cosas humorísticas sobre algo tan prosaico como una cafetera. Sin embargo, siempre le agradaron las narraciones graciosas, con las que se reía mucho, y le gustaba el café, la cerveza y una pipa de buen tabaco. Cuando su amigo «Picander» escribió una historieta humorística sobre los malos efectos del abuso del café y cómo éste había estado a punto de separar a unos amantes si ella no hubiese sido más pícara que su padre, conquistando al mismo tiempo el prometido y el derecho a tomar café, a Sebastián le agradó mucho y concibió la idea de ponerle música. «Picander» iniciaba la anécdota contando que un decreto real había prohibido a todo el mundo, excepto al rey y su corte, tomar café. «¡Ay! —gemían las mujeres de Leipzig—, lo mismo hubiera sido prohibirnos el pan, pues sin café estamos muertas.» En aquel tiempo se decía que las mujeres de Leipzig tenían gran afición al café. La hija de un tal Schlendrian era una de esas aficionadas que abusaba del café, y su padre la amenazó con no consentirle tener marido hasta que abandonase aquella pasión; pero ella se le adelantó, haciendo saber públicamente que sólo se casaría con quien la dejase tomar café. Para esa historieta escribió Sebastián una música graciosa y viva, que en nuestra casa se tocaba siempre con agrado, y muchas veces le oí reírse cuando tres de nuestros hijos cantaban el trío cómico con que finaliza.

«Picander» escribió también la música para el texto de *Febo y Pan,* la divertida y alegre cantata, que fue ejecutada por la «Asociación Musical» en 1731. El aria de Febo es bella y muy melodiosa; Momo tenía razón al decirle que volviese a empuñar la lira, porque no había oído nada tan lindo como su canto. La parte de Pan contiene algunos trozos muy vivos, que ofrecen un contraste gracioso con la canción de Febo. Después del estreno, uno de los concejales de Leipzig se acercó y me dijo: «¡Os felicito, señora, por la nueva creación de vuestro marido! No sabía que escribiese también música de ese estilo; siempre había considerado al señor cantor en relación con la música sagrada.»

«Eso es porque no le conocéis familiarmente; compone música de todas clases», le respondí. Y, al decirlo, pensaba en los *quodlibet,* en los minués y en todas las canciones cómicas que solía inventar para los pequeños cuando se montaban a caballo en sus rodillas, canciones llenas de incongruencia infantil y de melodías tan pegajosas que, un momento después, las cantaba toda la chiquillería de la casa. Por cierto que, algunas veces, era necesario amenazarles con la cólera paterna para que se callaran. «¡Pero si eres tú el autor, papá!», le replicó una vez una de sus hijas pequeñas, al decirle que cesase de cantar una de esas canciones. «Sí —le dijo—, pero ahora, con la energía de un padre romano, deseo que te calles —y le dio un tirón de orejas—; no quiero ser atormentado con mis propias producciones.»

En el fondo, el señor concejal tenía razón al considerar a Sebastián ligado a la música sagrada y en creerle envuelto constantemente en la seriedad y dignidad que se desprendía de sus composiciones. Escribió tantas, que me sería imposible contarlas, pero los habitantes de Leipzig tuvieron ocasión de oírlas. Todos los domingos, cuando yo me dirigía al matinal oficio divino, tenía casi la seguridad de oír música nueva de Sebastián, que hablaría a mi espíritu de cosas celestiales. Naturalmente, entre sus composiciones yo tenía mis preferidas, que me colmaban de exaltación, y al verle después en casa sentado a la mesa, rodeado de todos sus hijos y comiendo con muy buen apetito —lo cual ocurría siempre, por lo que era un placer guisar para él—, se apoderaba de mí la extraña sensación de que aquel que estaba allí sentado, y comía y dormía y se movía por la casa, no podía haber compuesto aquella música, sino que ésta había caído directamente del cielo. Sebastián me habría tenido seguramente por tonta

Wilhelm-Friedmann Bach, el hijo mayor de Juan Sebastián.

Juan-Christian Bach, el benjamín del matrimonio de Juan Sebastián y Ana Magdalena. Pintura de Mathieu.

si, en las horas en que yo sentía así, hubiese podido leer en mi corazón.

Yo, que compartía su vida y sabía lo incesantemente que se ocupaba en cosas del espíritu y lo que representaban para él las melodías de sus corales desde muy joven, hubiera sido, sin embargo, la última en asombrarme de que compusiera cualquier clase de música, hasta la más apartada de la religiosa. De modo que, en ese sentido, nunca me causó extrañeza; pero, en algunos trozos de sus melodías y en varios de sus coros, encontraba algo que no puedo calificar más que de maravilloso, algo que me cortaba la respiración y me inspiraba cierto temor hacia quien lo había compuesto. Sentí una sensación así cuando, al vigesimoséptimo domingo después de la Trinidad, a los diez años de nuestro matrimonio, oí el coral que Sebastián había compuesto para ese día: *¡Despertad...!* El texto y la melodía habían sido escritos más de cien años antes por el pastor Nicolai, cuando casi todo su pequeño rebaño había sido víctima de una epidemia. Eran una poesía y una melodía muy nobles, que, indudablemente, ayudaron a Sebastián a encontrar su inspiración maravillosa. El tema del texto (el novio celestial que llega por la noche, las vírgenes locas y las cuerdas, la alegría de la novia y todas las demás graciosas ocurrencias) inspiró a Sebastián una música que sólo él pudo escribir en este mundo.

Otra cantata que siempre me llenaba de una especie de temor era la que compuso Sebastián para el primer día de Pascua de Resurrección: *Cristo reposa en los brazos de la muerte.* Todas, sin embargo, poseían una belleza especial: unas eran graves y majestuosas, casi terroríficas; otras, tiernas y suaves, llenas de luz y de amor divino. Cuanto más se conocen, menos se puede hablar de ellas. Las palabras no pueden expresar lo que dice la música. Mas no por eso despreciaba Sebastián la palabra; al contrario, representaba para él muchísimo cuando hablaba de cosas bellas y elevadas, y ciertos trozos de las Sagradas Escrituras y los versos de algunos salmos hacían brotar de su pecho corrientes de música como no había existido hasta entonces. Algunas veces, yo cantaba en casa, con mis hijos, trozos de sus grandes obras, y Sebastián entraba en la habitación, se sentaba y oía con la cabeza inclinada y los ojos cerrados, y yo me preguntaba qué sentiría y cómo le sonaría su propia música. A nosotros nos parecía perfecta. Él escuchaba, y, por algunas de las cosas que decía, deducía yo que no estaba contento del todo. Especialmente en sus últimos años empleó mucho tiempo en pulir y repulir las obras que más apreciaba. «La verdadera música no podemos más que presentirla», solía decir cuando hacía esos trabajos. Yo creo que él era la persona de este mundo más capacitada para ello. Me figuro que todos aprobarán esta afirmación mía si piensan en composiciones tales como el motete *Entonad un nuevo cántico al Señor,* en el que parece que toda la corte celestial canta esa música gloriosa. Cuantos la oyen con el corazón abierto quedan en un estado de maravilla y de temor sagrado, no tanto por la indescriptible ciencia del compositor en la fuga como por la potencia espiritual que revela en toda la obra.

Sin embargo, yo siempre tuve la impresión de que donde demostraba más esa potencia era en sus composiciones para órgano. ¡Le he oído tocar su instrumento favorito tanto y con tal entusiasmo! Su música para órgano está tan ligada a la historia de mi matrimonio —la primera vez que le vi y oí fue sentado al órgano—, que no puedo prescindir de mi corazón al formar juicio sobre él. Inútil creo decir que también algunas de estas obras me gustan más que las otras. Aprecio particularmente la exquisita pastoral en *fa*, la *canzona* en *re* menor y una serie de preludios de corales de su librito para órgano, que es lo que conozco mejor. Pero cuando el mismo Sebastián tocaba cualquiera de sus obras para órgano, todas sonaban subyugadoras y se experimentaba la sensación de estar sumergido en el gran oleaje de su genio. A veces, al oír alguna de sus nuevas composiciones, me sentía turbada, pues no me agradaba en seguida; pero no tenía más que oírla varias veces para comprender el significado de su línea melódica y reconocer que la primera impresión sólo se debía a mi necedad. El esplendor de la *Tocata y fuga en «re» menor* atrae al momento a su órbita a todo oyente, y lo mismo sucede con la gran belleza de la *Tocata dórica.* ¡Y qué decir de los grandes preludios y fugas en *do* mayor, *si* bemol mayor, *fa* sostenido mayor, *mi* mayor, *sol* sostenido menor y *sol* mayor, y del maravilloso *Pasacalle*! El pequeño preludio con fuga en *mi* menor es también de un atractivo especial. ¿Y habrá algún corazón insensible a la suave tristeza que se desprende de *Las aguas de Babilonia*? También quisiera recordar una serie de preludios de órgano del coral *Gloria in excelsis Deo,* para el que escribió nueve. Pues ¿y los preludios de coral en que trabajaba cuando lo llamó la muerte, que contienen trozos tan hermosos como «¡Ven a mí, Espíritu Santo!»? No, no quiero enumerar sus obras; las siento tan profundamente, que no encontraría palabras dignas de su música para órgano. Enterró en ellas su corazón, y sus sonidos contienen gran parte de mi felicidad pasada. Desde que él se fue, no puedo oír sonar un órgano; me limito a leer sus originales y a recordar.

Pero todavía no he dicho nada de las obras inmensas que compuso Sebastián sobre la Pasión de Nuestro Señor, según el Evangelio. Las Pasiones según San Mateo y según San Juan son, con toda seguridad, las obras de arte más grandes que ha producido jamás el espíritu humano. También pertenece a esa categoría la misa en *si* menor. El lector comprenderá que no diga nada sobre esas obras. Cuando las oí cantar —y la misa no la oí nunca entera, sino en trozos—, me pareció como si un mar inmenso se hubiese derrumbado sobre mí. El coro de la obertura de la misa, el gran grito del *Kyrie eleison,* seguido del silencio de las voces, mientras los instrumentos tocan la más hermosa de las músicas, me pareció siempre más allá de toda expresión. No habría palabras para hacérselas comprender a los que no han oído esa misa y las Pasiones. Las palabras son, pues, superfluas. Estas obras procedían de lo más profundo del alma de Sebastián, que las escribía en el dolor, pues no podía recordar las heridas de Cristo y su muerte en la cruz sin sufrir y sin experimentar un personal sentimiento de pecado, y de ese dolor salía la conmovedora belleza de la música de sus Pasiones. Me parece estar oyendo el solo de contralto de *La Pasión según San Juan: Consumatum est!,* que siempre me pareció grandioso. Cuando se ejecutó por primera vez esa Pasión, en la Semana Santa de 1724, cantó ese solo un muchacho con una voz tan extraordinariamente bella y emocionante, que se le saltaron las lágrimas a más de un oyente.

La música de *La Pasión según San Mateo* no se ejecutó hasta cinco años después, el día de Viernes Santo, y era demasiado elevada para poderla comprender en la primera audición. El público de Leipzig no se interesó mucho por ella, y como, además, era muy difícil de ejecutar y los coros de la iglesia de Santo

Tomás no estaban muy bien en aquella época, no se volvió a tocar hasta el año 1740, después de haberla modificado bastante Sebastián. Con su nuevo ropaje pareció gustar más a los habitantes de Leipzig, o tal vez habían llegado a percatarse mejor de que entre ellos vivía un gran músico. Uno de los cambios que Sebastián había hecho en ella fue transportar al coro glorioso «¡Oh, pecador, llora tus pecados!», del principio de *La Pasión según San Juan,* al final de la segunda parte de *La Pasión según San Mateo.* Uno de los preludios de coral más hermosos, conmovedores y tristes de mi libro de órgano tiene el mismo tema. Una idea muy feliz de Sebastián es que, en las Pasiones, las palabras de Jesús las hace acompañar siempre sólo por instrumentos de cuerda, de modo que Nuestro Señor aparece siempre como una luz deslumbradora. El coro con que termina esta obra es, indudablemente, una de las mejores realizaciones del genio de Sebastián... Ante esa música se detiene el alma como ante el «*Crucifixus*» de la misa, que siempre me recordaba las palabras sagradas: «Una espada traspasará tu alma.» Cuando yo veía la partitura llena de enmiendas de ese «*Crucifixus*», se me hacía patente, aun sin necesitar oír la música, que, al escribirla, una espada le había atravesado realmente el alma a Sebastián. Después de ese grito de dolor, necesitaba, como todos nosotros, la suave melodía del solo de contralto «*Agnus dei qui tollis peccata mundi*» y la paz del coro final «*Dona nobis pacem*». Esta música viene pura del país del alma, en el que Sebastián se encontraba siempre como en su casa, a pesar de todas las preocupaciones terrenales que le envolvían en su vida diaria. Cuanto más iba comprendiento su música, con más claridad veía esto. Ante sus ojos interiores había siempre una imagen, hacia la que se inclinaba su espíritu con fervor apasionado, y podía decir con San Pablo: «Dejo atrás las cosas pasadas y me dirijo hacia la meta.» Pero su meta, como la de San Pablo, no estaba en este mundo.

De la boda de nuestra hija, de la visita al rey de Prusia, de la Ofrenda musical *y el arte de la fuga, de las últimas aflicciones de Sebastián, de su muerte y del último grito de su alma: «Ante tu trono me presento».*

He hablado muy poco de Juan Cristóbal Altnikol, un discípulo de Sebastián que llegó a ser nuestro yerno al casarse con nuestra hija Isabel. Vino a nuestra casa, como alumno, seis años antes de la muerte de Sebastián, y su carácter dócil y modesto, unido a su amor e inteligencia para la música, conquistaron no sólo el corazón de Isabelita, sino también el de Sebastián y el mío. Antes de casarse con nuestra hija era ya para nosotros como un hijo. Pronto noté que Cristóbal experimentaba en nuestra casa sentimientos que no eran puramente musicales, y los repentinos rubores de Lieschen, en su reserva juvenil, me hacían pensar con frecuencia en los días en que el oír los pasos de Sebastián acercarse a la puerta hacía subir mi sangre del corazón a las mejillas. A decir verdad, no obstante los años pasados, no hubiera podido asegurar que mi corazón siguiese latiendo al mismo compás, cuando, tras una breve ausencia, oía aproximarse los pasos de Sebastián, que hubiera reconocido entre mil. Pero esas ausencias iban escaseando ya, gracias a Dios, y mi corazón no se veía precisado a salir de su ritmo.

Cuando Cristóbal nos pidió la mano de Lieschen, ésta sólo tenía dos años más de los que yo contaba en la época de mis esponsales. «Sí —le respondió Sebastián—, te doy con placer mi consentimiento y también el de mi mujer; lo sé sin necesidad de preguntárselo. Entregamos con gusto nuestra hija a tus cuidados y a tu amor.»

Cristóbal estaba de pie ante Sebastián, con la cabeza inclinada, y por las mejillas le corrían lágrimas de alegría. «Maestro —le suplicó—, dame tu bendición para que la haga feliz y sea digno de llamarme hijo tuyo.» Y, cuando se marchó a la habitación en que le esperaba su novia, yo caí en brazos de Sebastián y lloré apoyada en su fiel pecho. «¡Cómo recuerdo el día en que pediste mi mano!», le susurré. «¿Fue un día muy desgraciado, Magdalena?», me preguntó, levantándome la cara mientras me miraba con una sonrisa tierna y un poco burlona. No necesité contestarle. ¿No estábamos allí juntos, felices con nuestros recuerdos y con la dicha de nuestra hija?

Pasáronse algunos meses en los alegres preparativos de la boda, que se efectuó el 20 de enero de 1749. Lieschen y yo estábamos ocupadas en el equipo, en tanto que Sebastián le preparaba a su nuevo hijo el regalo de boda consiguiéndole la plaza de organista de Naumburg. Sebastián no le había dicho a Cristóbal ni una palabra de sus intenciones, sino que se había dirigido en secreto al Consejo de Naumburg, que en otras ocasiones le había consultado a él sobre alguna reparación del órgano, y se decidió a rogar que concediesen la plaza a su querido discípulo, que ya había sido organista interino en Niederwiesa y que tenía un conocimiento profundo del órgano y del arte musical. Añadía en su solicitud que Altnikol era muy ducho en la composición, en el canto y en el violín. La petición de Sebastián fue aceptada inmediatamente. Altnikol tuvo la plaza, y Sebastián experimentó un gran placer al poder comunicarle la noticia.

La víspera de la boda organizamos un pequeño concierto familiar, en el que ejecutamos la *Cantata de primavera,* que Sebastián había escrito mucho antes en Cöthen, para otra boda, y que fue siempre una de mis preferidas, porque es extraordinariamente fresca y juvenil. Los novios estaban sentados juntos, en la víspera del día en que iban a ser marido y mujer. Lieschen, linda, sonrosada y ruborizada, y Cristóbal, tranquilo y contento. Sebastián acompañaba al clavicordio y dirigía la música por él compuesta; tenía todos los hilos en la mano, y, cuando los coros cantaban que «todo sonreía a los novios», Sebastián y yo nos mirábamos.

Después, a petición de Sebastián, entonamos la linda canción:

> *¡Oh dulce Niño Jesús! ¡Oh tierno Niño Jesús!*
> *¡Has cumplido la voluntad del Padre!*

Aquella noche, en que estuvo reunida toda la familia y en que ejecutamos la más pura y celeste de todas las músicas, dejó en mí un recuerdo más grato que todas las diversiones del día siguiente, a pesar de que fue un día alegre y feliz. Besamos luego a nuestra querida hija, y Cristóbal se la llevó, por la nieve, a Naumburg, donde Dios, antes de que llegasen las Navidades siguientes, les envió la bendición de un hijo, al que dieron el nombre —casi me parece inútil decirlo— de Juan Sebastián, como había hecho Manuel con su hijo segundo, nacido un año antes en Berlín.

Sebastián y yo éramos, pues, abuelos, lo cual nos parecía completamente increíble, ya que el recuerdo de nuestro noviazgo y nuestra boda estaba tan vivo ante mis ojos, que casi no me daba cuenta de los años que me separaban de aquellas horas felices. Esa primera boda de una hija —ya no presenciaré ninguna otra, como tampoco pudo hacerlo Sebastián— me volvió, en el año 1749, a los de 1722 y 1723, hasta el punto de que, cuando me miraba al espejo, creía verme tal como era en aquella época. Pero, sea cual fuese la ilusión que yo me hiciera a ese respecto, siempre es mejor que envejezca el rostro que el amor. Yo había mirado el rostro de Sebastián con tanta constancia, que todas las transformaciones producidas en él escaparon a mi percepción desde el día en que le vi por primera vez en la iglesia de Santa Catalina de Hamburgo, y tenía que hacer expresamente comparaciones para convencerme de que también en sus queridas facciones el tiempo había realizado su obra. El año de la boda de Lieschen cumplió Sebastián los sesenta y cuatro, y su semblante, cuando no lo suavizaba su sonrisa maravillosa, tenía una expresión severa, capaz hasta de asustar a los desconocidos que no sabían cuánta bondad encerraba. Las líneas de su rostro se habían marcado y acentuado, la boca se cerraba con más fuerza, una arruga profunda le bajaba hasta el mentón, y también las del entrecejo se habían profundizado. Pero el ceño no se lo había producido la cólera, sino el esfuerzo visual que hubo de hacer en sus últimos años, pues la vista se le había cansado en el curso de su vida, a fuerza de leer y escribir partituras. La mirada franca que tenía cuando yo le conocí había desaparecido, y ya lanzaba, por debajo de los párpados casi cerrados, una mirada aguda y penetrante, para poder reconocer los detalles del mundo exterior. Creo que si un extraño hubiese conocido a Sebastián en aquellos años, hubiera creído ver en él un hombre serio, severo y, hasta cierto punto, temible. Pero esa impresión solamente duraba hasta que Sebastián examinaba un momento, con la cabeza inclinada y los ojos esforzándose por ver, al visitante, pues así que empezaba a hablar y se sonreía, aparecía toda su bondad y dulzura, bajo la que acampábamos toda la familia como bajo la protección de una gran roca, y hasta el más extraño de los visitantes comprendía por qué su mujer, sus hijos y sus discípulos le querían tanto. A nosotros nos dejaba mirar en su corazón, que era el más hermoso que ha latido en este mundo. Pero no lo abría a todos, y, naturalmente, muchos no le amaban y no tenían escrúpulo en decir de él cosas tan malas como inciertas. En Leipzig tuvo que padecer mucho por la envidia de ciertas personas y por las innumerables discusiones que tuvo que sostener de palabra y por escrito. Aunque generalmente no solía hacer caso de esas cosas, las mentiras que sobre él hacía correr el señor Scheibe le irritaron tanto, que rogó a su amigo el *magister* Birnbaum que contestase por él públicamente en la prensa, pues no tenía ni tiempo ni ganas de separarse de su música para hacerlo personalmente. Lo que se escribía sobre él le dejaba completamente indiferente; y así, dejó de comunicar al señor Mattheson detalles de su vida que le había pedido para un diccionario de músicos que publicó con el título *Lista de honor en la que figuran las vidas, obras y méritos de los mejores directores de orquesta, compositores, críticos de arte musical y virtuosos.* Debo confesar que estaba un poco apenada por la actitud displicente de mi marido, pues me hubiera gustado ver escrita su vida en aquella obra. En los últimos años se iba concentrando cada vez más en sí mismo y en su casa, como si presintiera que aún había de escribir mucha música y le quedaba muy poco tiempo. «Querida —me dijo una vez—, al viejo Bach —así le llamaban los alumnos de la Escuela de Santo Tomás— no le quedan ya muchos años de vida para escribir su música, y no debe malgastarlos en cosas profanas.» Durante algún tiempo, hasta se negó a ingresar en la Sociedad de Ciencia Musical de Mizler; en parte, porque, como miembro de ella, hubiera tenido que encargarse un retrato al óleo, para regalárselo a la sociedad. Finalmente cedió ante la insistencia de Mizler; hizo pintar su retrato —que por cierto salió muy bien— y escribió un triple canon a siete voces y variaciones, con el título *¡Desde lo alto del cielo!*, para donarlo a la sociedad, que mandó reproducirlo en grabado. Lorenzo Mizler, el fundador de esa sociedad, había sido durante algún tiempo discípulo de Sebastián, y, en una disertación que pronunció poco antes de marcharse de Leipzig, había dicho: «He obtenido grandes beneficios de tu enseñanza de la música práctica, ilustre Bach, y lamento no poder seguir disfrutando de ella.» Mizler era muy diestro en muchas cosas, pero Sebastián no le tenía en gran estima porque era muy vanidoso y estaba muy pagado de sí mismo. «A pesar de su inteligencia, no es más que un muchacho vulgar», había dicho Sebastián al juzgarlo. Tal vez fuese ésta una de las razones por que vaciló tanto para ingresar en la Sociedad de Ciencias Musicales.

También es cierto que Sebastián llevaba en sí toda la ciencia musical que necesitaba; la había conquistado con una vida de estudio incesante y paciente. Enriquecía su espíritu con todas las piezas musicales que llegaban a sus manos y no desdeñaba el aprender hasta en composiciones de músicos de méritos muy inferiores a los suyos. Le complacía siempre ver y oír lo que otros habían producido, y ningún compositor joven tenía que temer intolerancia o incomprensión de su parte, aunque sus correcciones eran siempre severas. Con mucha frecuencia le suplicaban que compusiese alguna pieza sencilla para que la tocasen en el clavicordio los que no estuvieran todavía muy adelantados, y siempre respondía con la misma amabilidad: «Ya veré si puedo hacer algo.» En esos casos, elegía siempre un tema muy sencillo; pero, apenas empezaba a desarrollarlo, acudía a su cabeza tal cúmulo de ideas, que pronto dejaba de ser una pieza sencilla. Cuando notaba lo que le había sucedido, solía decir con una sonrisa medio bondadosa, medio picaresca: «¡Ejercitaos con aplicación y ya veréis lo fácil que es!»

En esa época había llegado Sebastián al apogeo de su fama. Ya no viajaba; pero músicos de todas clases y de todos los países se presentaban a su puerta, y él los recibía con interés cariñoso y con el deseo de ayudarlos y complacerlos. Manuel estaba en Berlín, al servicio del rey de Prusia, y el soberano, gran amante de la música, manifestó a su clavecinista el deseo de oír y ver a su famoso padre, el cantor de Leipzig. Manuel transmitió ese alto deseo a su padre, que recibió con agradecimiento esa distinción real, pero que sentía muy pocas ganas de emprender el viaje a Berlín y de someterse a la publicidad y a todas las ceremonias. Sin embargo, cuando el rey manifestó su deseo más insistentemente, comprendió que debía efectuar el viaje. Se puso, pues, en camino, pasando por Halle, donde se encontró con Friedemann; llegó a

Potsdam un domingo al oscurecer y se dirigió a casa de Manuel. Apenas llegado, cansado y sucio del viaje, recibió la orden de presentarse ante el rey. No tuvo tiempo ni para quitarse el vestido de viaje y ponerse la casaca negra de cantor. El rey, que siempre tuvo un carácter muy impaciente, después de haber esperado tanto tiempo, no quiso aguardar ni media hora más. En palacio iba a empezar el habitual concierto nocturno, el rey tenía la flauta en la mano y la orquesta no esperaba más que su señal para empezar, cuando entregaron al rey la lista de los forasteros recién llegados. La leyó rápidamente y dijo con cierta emoción en la voz: «¡Señores, el viejo Bach ha llegado!» E inmediatamente mandó llamarle. Sebastián, bastante excitado por el viaje y muy fatigado, tuvo que presentarse al rey y pasar casi directamente, de la berlina en que había viajado, al lujoso salón, ante una reunión selecta. Más tarde me contó lo hermoso y brillante que era todo en palacio. El salón de conciertos se hallaba adornado con grandes espejos y esculturas, en parte doradas y en parte cubiertas de laca verde, y el atril de Su Majestad era de concha de tortuga con incrustaciones de plata muy artísticas. También había allí un címbalo con pedales de plata, y los estuches de varios instrumentos eran también del mismo precioso material que el atril del rey. Sebastián se disculpó por el descuido de su indumento. Algunos de los señores y damas de la corte no pudieron contener la sonrisa; pero el rey, según me contó Friedemann, la reprimió con una mirada como un relámpago y trató a Sebastián con esmerada cortesía. El rey era también músico y conocía la grandeza de Sebastián, no dando por ello importancia al corte anticuado de su vestimenta. El real concierto de flauta de aquella noche quedó suprimido, y Su Majestad no representó más papel que el de oyente. Condujo a Sebastián por todos los salones de palacio, le enseñó los siete pianos que le había construido Silbermann y le rogó que les proporcionase a él y a la corte el placer de oírle tocar uno de aquellos instrumentos. Sebastián se sentó, empezó a tocar, y más de uno debió de sentir en lo más íntimo de su ser que, en aquel momento, había dos reyes en palacio. Después de que Sebastián hubo probado todos los pianos de Silbermann, rogó al rey que le diese un tema para una fuga, a fin de improvisar sobre él. Su Majestad le dio el tema, y él lo desarrolló al momento, con su manera viva y precisa, despertando el asombro del monarca.

Al día siguiente tocó Sebastián el órgano, ante un auditorio selecto y admirado, en la iglesia del Espíritu Santo. Por la noche volvió a acudir a palacio por orden del rey, que le rogó ejecutase una fuga a seis voces, porque quería ver hasta dónde podía desarrollarse el tratamiento polifónico de un tema. Esta vez Sebastián lo eligió por sí mismo, pues no todos se prestan a un desarrollo tan completo, e improvisó una fuga que provocó en el rey admiración y entusiasmo, hasta el punto de que repetía constantemente: «¡No hay más que un Bach! ¡No hay más que un Bach!»

Después de esa visita tan agradable a Potsdam, Sebastián fue a Berlín, donde visitó el edificio de la Ópera, de reciente construcción, en el que, intuitivamente, descubrió ciertas particularidades acústicas que nadie había estudiado, como ya he referido anteriormente.

A su regreso —¡qué orgullosa me sentía cuando me contaba el entusiasmo con que le había alabado el soberano!— se puso inmediatamente a desarrollar y perfeccionar el tema del rey en una fuga a tres y otra a seis voces, ocho cánones, y escribió simultáneamente una fuga en canon con el responso a la quinta, una sonata en cuatro movimientos, un canon *perpetuus* a dos voces sobre un *basso continuo,* todo ello más o menos relacionado con el tema que le había dado Su Majestad. A esta obra la denominó *Ofrenda musical,* y empleó mucho tiempo y tuvo sumo placer en adornarla con numerosos comentarios llenos de ingenio. Sobre el cuarto canon escribió las palabras «*Notulis, crescentibus crescat fortuna Regis*», lo que, según me explicó, quiere decir: «Que la fortuna del rey crezca como estas notas.» Sobre el quinto canon escribió: «*Ascendenteque Modulatione ascendat Gloria Regis*»: «Que pueda la gloria del rey elevarse como estas modulaciones.» Mandó grabar esta obra y se la ofreció al rey con la dedicatoria siguiente:

«Señor;

»Me tomo la libertad de presentar a Vuestra Majestad una ofrenda musical cuya parte más noble es obra de vuestra real mano. Con placer respetuoso recuerdo todavía la gracia particularmente real que quiso concederme Vuestra Majestad hace algún tiempo, dignándose tocar, durante mi estancia en Potsdam, un tema de fuga y pidiéndome que lo desarrollara en vuestra augusta presencia. El obedecer la orden de Vuestra Majestad era mi deber ineludible de súbdito fiel. Pero pronto noté que, por falta de la preparación necesaria, la composición no salía como merece un tema tan excelente. Tomé la decisión, que en cuanto regresé me puse a cumplir, de desarrollar completamente el tema real para darlo a conocer al mundo. Este proyecto está ya realizado con arreglo a mis fuerzas, y no tiene más que la loable intención de aumentar, por poco que sea, la gloria de un monarca cuya fuerza y grandeza, tanto en las artes de la guerra y de la paz como en el arte musical, han de ser objeto de admiración para todos. Me atrevo también a añadir esta humilde súplica: que Vuestra Majestad se digne acoger con bondad esta modesta obra y conservarme bajo su real y soberana gracia.

»Soy de Vuestra Majestad muy humilde y muy fiel servidor.

»Leipzig, 7 de julio de 1747.»

De la primera parte de esta *Ofrenda musical* —que no estaba terminada todavía— se presentó un ejemplar al rey, grabado en papel grueso, en un tomo encuadernado con piel y con ricos adornos dorados. Todo el trabajo de desarrollar y escribir el tema real le había proporcionado a Sebastián gran alegría. Como homenaje especial al rey, que era un gran flautista, la fuga en estilo de canon estaba escrita para flauta y piano, y la sonata y el canon final, para flauta, violín y piano. Las otras dos fugas son para piano, y algunos otros trozos, para instrumentos de cuerda. La *Ofrenda musical* es una obra llena de interés y de belleza, digna de ser ofrecida por un músico como Sebastián a un rey también músico.

Después de este trabajo, e inspirado en él, compuso Sebastián su incomparable *Arte de la fuga,* brillante corona de su vida de maestro de la fuga. Es una obra profunda y sabia, sobre la que no me puedo permitir extenderme ni dar explicaciones. Pero oí muchas veces hablar de ella a Sebastián con sus amigos, y pude formarme idea de su significación e importancia. Uno de sus admiradores la llamó una vez «obra práctica y espléndida»; otro opinó que «la obra *El arte de la fuga* es demasiado elevada para este mundo». En realidad, era obra tan sabia y compleja, que solamente un gran músico podía apreciar aquella inmensa acumulación de genio, inspiración y ciencia. Era la mejor de sus obras en esa forma musical. El tono y el sentimiento de esta obra son serios y religiosos, tal como había sido Sebastián durante toda su vida; pero, conforme se iba aproximando al fin, esa característica de su personalidad se iba haciendo más visible. Con mucha frecuencia nos repetía la frase de Lutero: «La música es el mejor consuelo; refresca el corazón y le lleva a la paz»; y sentía esa verdad y nadie la demostraba mejor que él. Todavía se hallaba trabajando en *El arte de la fuga* cuando sintió que se le acercaba la muerte. La mayor parte de esta obra había sido grabada ya bajo su dirección, cuando fue llamado a abandonar todas las obras de este mundo. El trabajo se terminó sin él; pero, por una lamentable despreocupación y abandono del editor, aparecieron en el libro algunos trabajos sin acabar, así como una fuga larga y hermosa, pero que no tenía ninguna relación con *El arte de la fuga* y en cuya terminación trabajaba durante los últimos días de su vida. Esta fuga es extraordinariamente bella y también tiene un interés especial, porque Sebastián había hecho el descubrimiento de que las letras de su apellido, Bach, tocadas como notas, formaban una melodía, cosa que hubiéramos podido adivinar todos si hubiésemos pensado lo que suponía ese nombre para la música. Esa serie de notas la empleó en los tres últimos temas de la fuga, pero no le quedó tiempo para terminar tan maravillosa obra.

Ocupado en ese trabajo de contrapunto de las letras del nombre Bach, que durante tanto tiempo y por muchos siglos estará ligado a la música y con el cual llegó ésta a tan gran florecimiento, escribió Sebastián esa fuga, que fue su última aportación a ese arte que había amado con todas sus fuerzas. Fue su postrera obra, con excepción, naturalmente, de una composición para su instrumento favorito, el órgano, en el que siempre había exteriorizado su carácter religioso y en el que culminaban todos sus talentos, que yo creía, con un convencimiento humilde pero firme, que lo elevaban mucho sobre los demás músicos porque Dios le había marcado de una manera especial con su sello.

Durante toda su vida trabajó con supremo esfuerzo y firme voluntad en la música. A ésta había consagrado su destino y dedicado sin vacilar todo el tiempo y el esfuerzo de sus afanes corporales y espirituales, hasta quedar al fin sin vista. Desde su niñez había forzado el trabajo de sus ojos, escribiendo sin cesar sus ocurrencias musicales, sin contar la lectura de las innumerables hojas que contenían la música de sus contemporáneos. Trabajaba hasta muy entrada la noche a la luz de una vela, a pesar de producirle eso con mucha frecuencia dolores en los ojos. En ese trabajo, yo le ahorraba el que podía, ayudándole a copiar e incitando a que hicieran lo mismo sus hijos y sus alumnos. Pero, naturalmente, la música que nacía en su cerebro no podíamos escribírsela. Y así se fue debilitando su vista, y tuve el dolor de verle buscar a tientas la puerta para entrar o salir, o tocar una silla antes de sentarse. Sin embargo, pedía que le llevásemos más velas cuando quería escribir, como si una luz exterior más fuerte pudiera compensar la pérdida de la vista. «Tengo que escribir mientras pueda, Magdalena», me decía alguna vez, cuando me atreví a ponerle la mano en el hombro para apartarle del trabajo y levantaba hacia mí sus tristes y pestañeantes ojos. Yo sabía, aunque él no lo dijo nunca, que la idea de la ceguera le asustaba más que la muerte, y no podía hacer más que irme a un lugar retirado y llorar y desear que la ceguera viniese a mí y no a él, puesto que yo no tenía música que escribir.

Más tarde apareció un rayo de sol en nuestra tribulación. Vino a Leipzig un famoso médico cirujano inglés, del que la fama decía que en su patria había operado con éxito muchos casos análogos al de Sebastián. Se llamaba Juan Taylor. Nuestros amigos nos instaban a que aprovechásemos la ocasión y nos confiásemos a la habilidad de aquel médico que, con una operación, volvería a dejarle a Sebastián los ojos en condiciones de poder utilizarlos. Sebastián vacilaba. Primero le asustaba el gran gasto de la operación, y además temía que la cosa no terminase satisfactoriamente. Todos le animaban, excepto yo, pues, felizmente, me parecía que había que dejarle decidir a él solo. La palabra «operación», refiriéndose a los ojos, que son un don de Dios tan delicado, me causaba temor. Pero todos sus amigos repetían constantemente que la presencia del señor Taylor en Leipzig era una gran oportunidad para Sebastián y que no debía dejarla escapar.

Finalmente, Sebastián cedió a tantos ruegos e instancias, y el célebre médico le prometió el mejor resultado.

Un día vino a casa el señor Taylor con sus instrumentos y se puso a trabajar en los ojos de mi Sebastián. Éste no decía ni una palabra; pero yo veía crispársele y palidecer las manos, y tenía la impresión de que me apretaban el corazón con un torno. Luego le pusieron un vendaje en los ojos, y cuando se lo quitaron al cabo de algún tiempo no sólo no veía mejor, sino mucho peor que antes, y Taylor aseguró que se imponía otra operación. También la soportó Sebastián, y su resultado fue que se quedó ciego del todo. ¡Oh

Dios mío, qué dolor experimenté entonces; me parece sentirlo todavía! En cambio, Sebastián, una vez producido lo irremediable, demostró una paciencia conmovedora. Yo no estaba tan tranquila como él y lloraba arrodillada junto a su lecho. Pero él apoyó la mano en mi cabeza y dijo: «No nos entristezca el dolor; eso nos acerca a Nuestro Señor, que padeció por todos nosotros.» Al cabo de un rato me pidió que, del libro de sermones de Tauler, le leyera el segundo sermón del domingo de la Epifanía, en el que hay un trozo del que se acordaba por haberlo leído en otros tiempos y que, para nuestro consuelo, quería volver a oír. «El que mis ojos estén en mi cabeza, Dios, nuestro Padre celestial, lo ha querido por toda la eternidad; si ahora me los quita, si me quedo ciego o sordo, es porque Él, en su infinita sabiduría, lo habrá dispuesto así por toda la eternidad. ¿No deberé abrir, pues, mis ojos y mis oídos interiores y dar gracias a Dios por haberse cumplido en mí su eterna voluntad? Y lo mismo sucede con toda pérdida; la amistad, la propiedad, la fama o cualquier otra con que Dios haga que nos acordemos de Él; todo ha de servir para prepararte y ayudarte a conquistar la verdadera paz.»

Sebastián tuvo que sufrir algo más que la pérdida de los ojos. Lo trataron con medicinas de efectos dolorosos y con sangrías muy fuertes, que tal vez fuesen necesarias pero que tuvieron por efecto destruir su vigorosa salud, de tal modo que, en los pocos meses que le quedaron de vida, ya no se volvió a encontrar bien.

Sin embargo, en esos últimos tiempos se derramó sobre él una alegría profunda y grande. La muerte no había sido nunca para él causa de terror, sino que la había considerado toda su vida como una esperanza a la que miraba cara a cara, pues la conceptuaba el verdadero complemento de la vida. También en su música había reflejado ese estado de su alma, y nunca eran sus melodías tan hermosas y apasionadas como cuando en sus cantatas se hablaba de la muerte y de la despedida de este mundo. Las personas en las que no vive el genio no pueden comprender eso y no saben hasta qué punto la vida diaria y el destino terrenal les tienen que parecer a esos grandes espíritus como unos lazos que impiden a sus fuerzas desarrollarse. Yo tampoco lo presentía con toda su grandeza en vida de Sebastián, pues nunca hablaba de ello. Éramos felices juntos, y él estaba siempre ocupado en sus trabajos. Pero sé que tenía a menudo rápidos vislumbres de que la mejor esperanza de esta vida era poder dejarla alguna vez para reunirse con el Salvador, a quien tan profundamente amaba.

En mi juventud, esa ansia de muerte de Sebastián me asustaba y entristecía; y a veces meditaba yo si podría apartarle de esa idea y en qué forma. Pero desde que se fue de este mundo y he pensado tanto en su modo de ser, en su vida y en sus palabras, cuando intento imaginar nuestra pasada vida, llego a comprender que la muerte le parecía a él una mayor libertad, en la que sus fuerzas, que nunca podían desarrollarse del todo, podrían mostrar su poder en la inmensa amplitud de las antesalas del Señor.

En una de sus cantatas escribió estas palabras de Neumeister:

«Bienvenida seas, te diré.»

¡Y qué melodía tan dulce y apasionada compuso para otra cantata con las palabras:

«¡Suena ya, hora tan deseada!»

¡Y cuánta nostalgia contiene la maravillosa cantata!:

«Dios amado, ¿cuándo moriré?»

La letra no era de Sebastián, que no hizo más que ponerle música, pero en ésta expresó lo que llevaba escondido en lo más profundo de su corazón.

¡Oh, esposo mío, mi gran hombre, ya te has ido para componer tu música ante el Señor del cielo!

Ni aun en los últimos meses de su vida terrena, a pesar de estar ciego, dejó Sebastián de trabajar. Su antiguo discípulo y entonces su yerno Cristóbal Altnikol y otro nuevo alumno más joven, Juan Godofredo Müthel, le ayudaban.

No podía levantarse de la cama, pero no estaba ocioso (nunca lo había estado), y no desperdició ni un momento del breve tiempo que le quedaba. Trabajando en repasar y corregir sus dieciocho grandes corales para órgano, le abandonaron sus últimas fuerzas. El calor de aquellos días de julio acabó de agotarlo y, debido a sus dolores y debilidad, no podía levantarse de aquel que había de ser su lecho de muerte. ¡Con qué precisión recuerdo todos los detalles de aquellos últimos días, de aquellas últimas horas! Llevaba varios días padeciendo mucho, y yo había pasado tres noches velando junto a su lecho y pensando constantemente: «¿Qué sentirá al soportar en la oscuridad todos esos dolores? Los que vemos no podemos imaginar lo que es eso. Después le envió Dios un rato de alivio, y Sebastián me dijo que podría dormir, por lo cual me mandó descansar. Me pasó su querida mano por la cara y me dijo: «Comprendo lo cansada que estás. Ve y duerme para mí.»

Le dejé, pues, para ir a echarme en un cuarto contiguo. Nuestro querido yerno Cristóbal (ni Friedemann ni Manuel se hallaban entonces en casa) me prometió velarle mientras yo descansaba. Más tarde me contó que Sebastián había estado durante una hora tan quieto y silencioso, que le había creído dormido, cuando, de pronto, se incorporó y le dijo: «¡Cristóbal, trae papel! ¡Tengo música en la cabeza! ¡Escríbela por mí!»

Cristóbal corrió por papel, pluma y tinta y escribió al dictado de Sebastián. Al concluir, éste dejó caer la cabeza exhalando un suspiro y susurró, tan bajito que Cristóbal apenas pudo oírle: «Es la última música que compondré en este mundo.» Luego durmió unas cuantas horas, durante las cuales pareció que le habían abandonado todos sus padecimientos.

Cuando, con las primeras luces del amanecer, volví a la habitación, Cristóbal me enseñó el manuscrito y me contó lo que había sucedido. «¡Mira qué hermoso es! —exclamó—. "Ante tu trono me presento." ¡Cómo lucha su alma entre el dolor y la oscuridad, cómo la suave melodía va desde las tinieblas a la claridad celeste!»

Pero yo tenía los ojos llenos de lágrimas y no podía leer; miré el rostro de Sebastián sobre la almohada y comprendí que aquél era su último canto, como el del cisne. Me acerqué a la ventana, corrí un poco las cortinillas, miré cómo el sol del amanecer iba coloreando el cielo y procuré retener las lágrimas para que mi llanto no interrumpiese el sueño pacífico de mi amado.

No sé cuánto tiempo permanecí así, con una sensación mezcla de aflicción y de gloria. Al cabo de un rato oí su voz apagada que me llamaba: «¡Magdalena querida, acércate!» Al oír el tono tembloroso de su voz me volví como si me hubiera atravesado una flecha. Cristóbal había salido, y me precipité sobre su lecho. Con los ojos muy abiertos, miraba hacia mí ¡y me veía! ¡Sus ojos, apagados por el esfuerzo y el dolor, se habían vuelto a abrir y tenían un brillo doloroso!

Fue el último regalo que le hizo Dios; devolverle la vista poco antes de su fin. Volvió a ver el sol, vio a sus hijos y me vio a mí y al nietecito que le tendía Lieschen y que llevaba su nombre. Yo le acerqué una magnífica rosa roja, y su mirada se posó en el brillante color. «Magdalena —me dijo—, donde ahora voy veré colores más hermosos y oiré la música que hasta ahora sólo hemos podido soñar. ¡Y mis ojos verán al mismísimo Señor!

Estaba inmóvil, tenía mi mano en la suya y parecía estar viendo la imagen con que había soñado toda su vida, la imagen del Altísimo, al que había servido con su música.

Pero cada vez se veía más claro que se acercaba su fin. «¡Tocad un poco de música! —dijo, mientras nos arrodillábamos junto a su lecho—. Cantadme una hermosa canción sobre la muerte, que ha llegado mi hora.» Yo vacilé un instante, no sabiendo qué música escoger para aquellos oídos que pronto oirían la música celeste. Pero Dios me inspiró y empecé a cantar el coral *Todos los hombres tienen que morir,* para el cual había escrito él un preludio en mi cuadernito de órgano. Los demás me siguieron y cantamos a cuatro voces. Mientras cantábamos, una expresión de paz se fue reflejando en el rostro de Sebastián. Parecía que ya se había alejado de las miserias de este mundo.

Un martes por la tarde, a las ocho y cuarto del 28 de julio de 1750, falleció. Tenía sesenta y cinco años. El viernes por la mañana lo enterramos en el cementerio de San Juan, de Leipzig. Desde el púlpito, el pastor pronunció estas palabras: «Se ha dormido dulcemente en el señor el muy inteligente y muy honorable don Juan Sebastián Bach, compositor de Su Majestad el rey de Polonia y príncipe elector de Sajonia, maestro de capilla del príncipe de Anhalt-Cöthen y cantor de la Escuela de Santo Tomás. Siguiendo la costumbre cristiana, ha sido enterrado su inanimado cuerpo.»

Pero, con mucha más intensidad que las palabras del pastor, oía en mi corazón el coral que Sebastián había escrito en su lecho de muerte:

«Ante tu trono me presento»

He llegado al final de la historia de Juan Sebastián Bach. La labor que me propuso Gaspar Burgholt al aconsejarme que escribiese lo que pudiera recordar de su vida y de sus obras ha sido para mí, durante muchos meses, un consuelo y me ha servido para fortalecerme... El trabajo está terminado. Ya no tengo ningún motivo para vivir: mi verdadero destino llegó a su fin el día en que se apagó la vida de Sebastián, y pido diariamente en mis oraciones que la gracia de Dios me lleve de este lugar de sombras y me vuelva a reunir con el que, desde el primer momento en que le vi, lo fue todo para mí. Solamente lo terrenal me separa de él.

LO QUE RELATA LA CRÓNICA

colección
grandes
biografías